Pinl

Mit der „Gorch Fock" über'n Teich

Umschlag

Photo von der „Gorch Fock" beim Passieren
der Statue of Liberty, am 7. Mai 1962 einlaufend New York.

Vom Crewarchiv der Marineoffiziercrew X/61
sind bisher folgende Schriften erschienen:

Crewblätter 2011 – 40 Jahre Crew X/61
Crewblätter 2016 – Aktualisierte Crewblätter 2011
Chronik der Schulfregatte „Scheer", 2021
Kadettencocktails – Verse aus dem Schulgeschw. 1962/63, 2021
Crewblätter 2022 – Berichte aus über 60 Jahren
Crewblätter 2023 – Beiträge unserer Historiker

Mit der „Gorch Fock" über'n Teich

Aus Logbüchern der Bordcrew 1962

Aufgepiekt von
Harald Pinl

Altencelle
2023

Herstellung und Verlag:
BoD – Books on Demand, Norderstedt

ISBN 9783757887056

Inhalt

Johann Wilhelm Kinau

1880 - 1916

„Gorch Fock – Dichter der Nordsee"

Verfasser von Gedichten und Erzählungen,

u.a. des Romans „Seefahrt ist not!"

Untergegangen mit dem Kleinen Kreuzer „Wiesbaden"

in der Skagerrakschlacht am 31.05.1916

Zum Geleit

Die Berufsoffizieranwärter (BOA) der Marineoffiziercrew X/61 fuhren von Ende Februar bis Mitte Juni 1962 im Rahmen ihrer seemännischen Ausbildung auf dem Segelschulschiff SSS „Gorch Fock" der Bundesmarine. Ihre Fahrenszeit wurde zu einem besonderen, selbst für Mariner nicht alltäglichen Erlebnis, da Schiff und Besatzung auf der 9. Auslandsausbildungsreise (AAR) der „Gorch Fock" zu einem Besuch in New York eingeladen waren und die Bordzeit länger als die damals üblichen drei Monate dauerte.

Über ihre Zeit an Bord führten die Offizieranwärter auf Weisung ein „Logbuch". Das linierte Buch mit 100 Seiten wurde handschriftlich geführt. Nach der dienstlichen Anweisung für das Abfassen des Logbuches folgen Listen mit den Namen der Schiffsführung und Besatzung und dem Lebenslauf des Logbuchführers. Jeder Tag wird mit Datum und Wochentag begonnen, angefangen mit Montag, dem 26.02.1962 bis zum letzten Tag an Bord, Freitag, den 15.06.1962. Dem Schreiber war es überlassen, seinen Text mit Abbildungen wie Zeitungsausschnitten, Photos, Zeichnungen etc. nach eigenen Vorstellungen zu bereichern.

Eines der Logbücher, das von Dietmar Altmann, wird in dieser Darstellung zu Grunde gelegt. Es wurde ausgewählt, da Altmann aus Bayern stammte und er als „Landratte" erste Eindrücke von Seefahrt verarbeiten musste und nicht wie andere bereits zur See gefahren war oder schon länger in der Marine gedient hatte, wie die Obermaate OA und Seekadetten unserer Crew. Das Logbuch von Altmann wird an einigen Stellen mit Logbuch-Einträgen von Harald Dräger, Rolf Meyer, Otto-Heinrich Weychardt und gesonderten Berichten von Wolfgang Wagenknecht und Klaus Waßmuth ergänzt, um auch andere Sichtweisen zur Geltung kommen zu lassen. Die Berichte von Wagenknecht und Waßmuth sind zusätzlich zu ihren Logbüchern entstanden und versuchen, Abschnitte der Reise besonders zu betrachten. Nach der New-York-Reise stellte die Crew im Juni 1963 ein hektographiertes Heft unter dem Titel „Frische Brise" zusammen, um mit kurzen Berichten und Gedichten einzelner Kameraden, u.a. von Gola, Kries, Opitz, Westphal und Dr. Naumann, an ihre Fahrt zu erinnern. 2008 wurde Weychardt von der Redaktion Marine im Flottenlommando zu seinen Eindrücken auf der New-York-Reise befragt und seine Darstellungen erschienen unter der Überschrift „Die erste Fahrt der GORCH FOCK nach New York 1962" im Internet auf dem Marineportal www.marine.de. Hans-Jürgen Heise stellte seine Sammlung von Zeitungsberichten über die Reise zur Verfügung. Allen, die zu dieser Schrift beigetragen haben und mit ihrer Publikation einverstanden sind, sei hiermit ausdrücklich gedankt.

Wenn nicht anders vermerkt, wurde der Text von Altmann übernommen. Ergänzend werden zwei Aufsätze, der Exkurs von Waßmuth über seine New Yorker Eindrücke und der kurze Rückblick von Wagenknecht über die gesamte Reise eingefügt.

Eingeschobene Beiträge, wie die anderer Crewkameraden, werden mit dem Namen des jeweiligen Autors gekennzeichnet. Ergänzungen, Hinweise und andere Anmerkungen, wie die Sichtvermerke vom Divisions- oder Segeloffizier oder die des Herausgebers, werden durch kursive Schrift kenntlich gemacht.

Der Nachweis der Abbildungen und ein Glossar der seemännischen Ausdrücke befinden sich im Nachspann.

Altencelle, November 2023   Harald Pinl

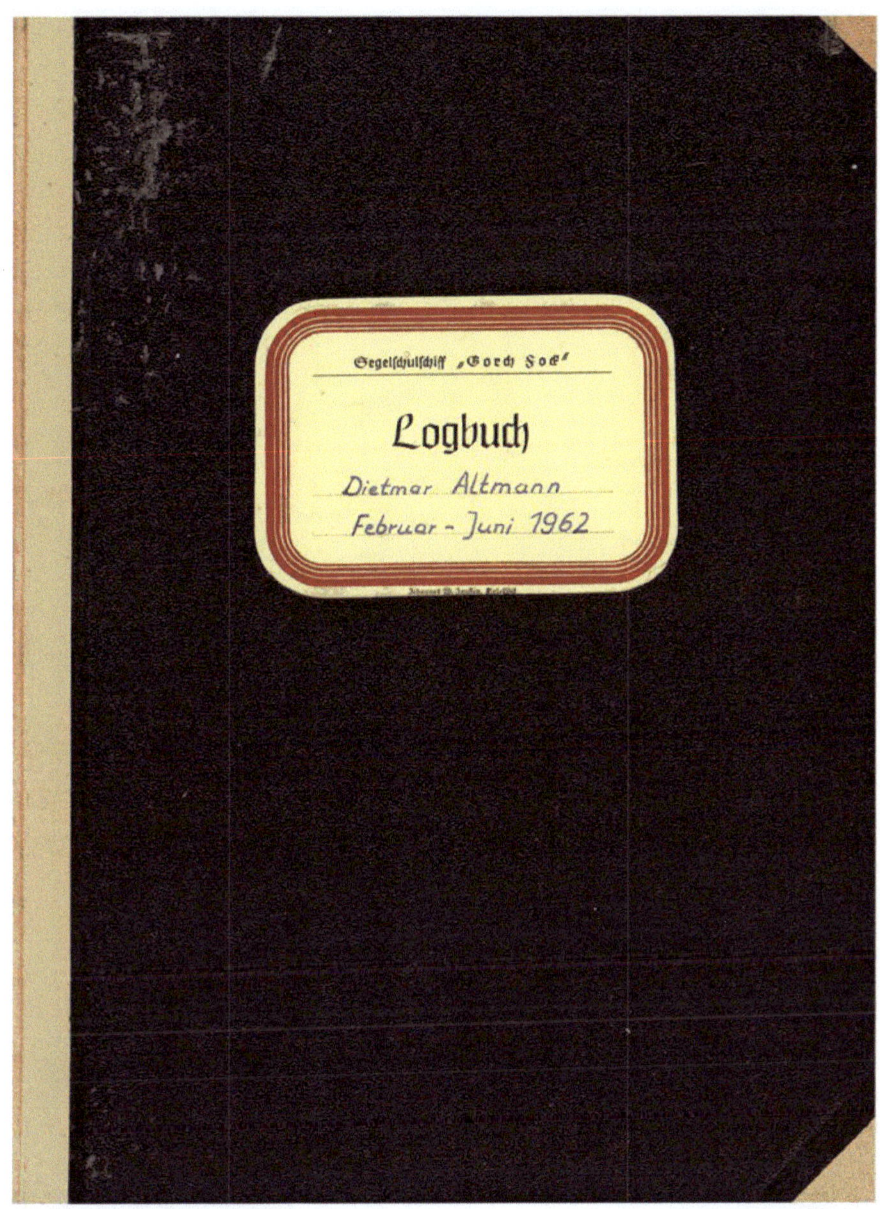
Segelschulschiff „Gorch Fock"
Logbuch
Dietmar Altmann
Februar – Juni 1962

Meine neue Heimat !

Ich möchte Leuchtturm sein
In Nacht und Wind
Für Dorsch und Stint,
Für jedes Boot –
Und bin doch selbst
Ein Schiff in Not.
(Wolfgang Borchert)

Der Kommandant KzS Erhardt

Allgemeines über das Logbuch

Das Logbuch ist ein dienstliches Buch. Es ist mit Tinte und gut leserlicher Schrift zu schreiben und dauernd in gutem Zustand zu erhalten. Der Inhalt ist tageweise niederzuschreiben. Datum und Wochentage sind links heraus auf dem Rand zu schreiben. Absätze und Überschriften sind häufig anzuwenden. Skizzen und Zeichnungen sind besonders wertvoll und dem Text zahlreich beizufügen.

Fotographien und Ansichtskarten dürfen zur Belebung eingeklebt werden. Die Flaggen der besuchten Länder sowie der begegnenden Schiffe sind in das Tagebuch einzuzeichnen. <u>Kritik in dienstlichen Angelegenheiten hat zu unterbleiben.</u> An der Außenkante ist für die Vorgesetzten ein 3 cm breiter Absatz frei zu halten.

Die Buchführung soll umfassen:

1. Manöver und Arbeiten an Bord.
2. Alle Erlebnise im Dienst, die von Interesse sind.
3. Schilderungen von Seereisen.
4. Die Manöver des Schiffes.
5. Schilderungen und Skizzen von Häfen.

Von Häfen sind möglichst anzuführen:

a) Beschreibungen der Hafeneinfahrt, Lotsenwesen, Ansteuerungsmarken, Betonnung und Befeuerung. Die Tiefenverhältnisse der Einfahrt.
b) Bester Anker- bzw. bester Liegeplatz am Kai.
c) Witterungs- und Strömungsverhältnisse.
d) Anlegestellen für Boote und Entfernungen vom Ankerplatz.
e) Wo und wie man frisches Wasser erhält.
f) Ortsübliche Bekohlung und Ölübernahme.
g) Ob befestigt. Angabe über Armierung.
h) Oberste Stadt-, Militär- und Hafenbehörde.

i) Gesundheitliche Verhältnisse.

k) Allgemeines über den Hafen; geographischer und politischer Überblick. Sehenswürdigkeiten, Ausflüge und Vergnügungen.

l) Einwohnerzahl. Bedeutung als Handelshafen, Dampferverkehr, Hauptein- und Ausfuhrartikel.

m) Alle Erlebnisse im privaten Leben, die dienstliches und allgemeines Interesse haben; hierzu gehören besonders Beschreibungen von gemachten Ausflügen und Partien.

Eigene Eindrücke sind besonders wertvoll. Abschreibungen von Reisebeschreibungen und Büchern sind zu unterlassen.

Die Namen von Vorgesetzten sind vor Beginn eines jeden Kursus auf die erste Seite zu schreiben.

Die Vorgesetzten auf Segelschulschiff „Gorch Fock"

Der Kommandant:	Kapitän zur See Erhardt
Der I. Offizier :	Fregattenkapitän Engel
Der I. Wachoffizier:	Korvettenkapitän Teerling
Der II. Wachoffizier:	Kapitänleutnant Frh. von Stackelberg
(zugleich I. und II. Divisionsoffiziere)	
Der I. Segeloffizier:	Kapitänleutnant Bender
Der II. Segeloffizier:	Oberleutnant Herpich
Der III. Segeloffizier:	Leutnant zur See Steskal
Der IV. Segeloffizier:	Leutnant zur See Teichmann
Der Adjudant:	Leutnant zur See Giese
Der Versorgungsoffizier:	Kapitänleutnant Klingenberg
Der Schiffsarzt:	Marine-Stabsarzt Dr. Naumann
Der Meteorologe:	Dr. Hartung
Der Oberbootsmann:	Hauptbootsmann Baumann
Der Obersteuermann:	Stabsbootsmann Nix
Der Leitende Maschinist:	Hauptbootsmann Rathgeber

Der Divisonsfeldwebel I. Div.: Oberbootsmann Dutschke
Der Divisionsfeldwebel II. Div.: Bootsmann Holzinger
Der Wachtmeister: Oberbootsmann Bartsch
Der Rechnungsführer: Bootsmann Spreuz
Der Proviantmeister: Bootsmann Glatz

Neuer I.O. wird am 19.03. Korvettenkapitän von Witzendorff.

Die Korporale nach Korporalschaften

I. Division

1. Korporalschaft:	OMt. Lehmann
2. Korporalschaft:	Mt. Lies
3. Korporalschaft:	Mt. Epp
4. Korporalschaft:	Mt. Sossong
5. Korporalschaft:	Mt. Markgraf
6. Korporalschaft:	Mt. Becker
7. Korporalschaft:	HGefr. UA Sager
8. Korporalschaft:	Mt. Rösner

II. Division

9. Korporalschaft:	OMt. Ruhlofs
10. Korporalschaft:	Mt. König
11. Korporalschaft:	Mt. von Plocky
12. Korporalschaft:	Mt. Böck
13. Korporalschaft:	Mt. Bartlog
14. Korporalschaft:	Mt. Zierer
15. Korporalschaft:	Mt. Pfeiffer
16. Korporalschaft:	Mt. Marschewski

Die 11. Korporalschaft

Unser Korporal: Mt. von Plocky

Unser Korporalschaftsältester: Matrose Klaus Wink

1) Matr. Dietmar Altmann, Grafenwöhr
2) Matr. Detlev Hahnkamm, Bremerhaven
3) Gefr. Wilfried Mühe, Bremerhaven
4) Matr. Götz Steinmetz, Braubeck
5) Matr. Richard Wagner, Neuburg/Donau
6) Matr. Harald Wensky, Kiel
7) Matr. Otto-Heinrich Weychardt, Engelskirchen
8) Matr. Klaus Wink, Essen
9) Gefr. Friedrich-Wilhelm von Wedelstaedt, Göttingen
10) Matr. Jan Kuhnke, Bonn
11) OMt. Hans Jürgen Fiedler, Lüdenscheid
12) OMt. Albrecht Krause, Pirmasens
13) Gefr. Martin Peter Kruse, Stuttgart
14) Seekadett Klaus Waßmuth, Bielefeld

Die beiden Obermaate und der Seekadett kamen am 15. März zu uns. Der Gefr. Kruse zwei Tage darauf – an dem Tag, an dem uns unser Kamerad Detlev Hahnkamm verließ. Er musste runter, weil er nicht toppsicher war.

Mein Lebenslauf

Am 25. Mai 1941 wurde ich als zweiter Sohn der Oberpostmeisterseheleute Josef und Fanny Altmann, geb. Kummert, in Waldsassen, Kr. Tirschenreuth, geboren. Im September 1947 trat ich in die erste Klasse der dortigen Volksschule ein. Am 20. Juni 1948 zogen wir. einer Versetzung meines Vaters folgend, nach Grafenwöhr, Kr. Eschenbach, um, wo ich weiter bis Ende der 4. Klasse die Volksschule besuchte. Im September 51 trat ich in die Private Realschule in Eschenbach über. Nach zweijährigem Besuch derselben kam ich in die Oberrealschule nach Cham / Opf., wo ich auch im Juni 1961 mein Abitur machte.

Am 2. Oktober rückte ich als Rekrut in die Kaserne des 3. Ausbildungsbataillons nach Glückstadt ein. Am 5. Januar wurde ich mit meinen anderen Kameraden zur TMS II nach Bremerhaven kommandiert und machte dort meinen verkürzten technologischen Lehrgang. Am 28. Februar wurde ich auf das Segelschulschiff „Gorch Fock" kommandiert und mache hier eine erste Seemännische Ausbildung mit.

ROLLENKARTE

Name: *Dietmar Altmann*

Wachhälfte: *StB I* Korporalschaft: *11*

Beim Manöver mit beiden Wachen

Manöver	Station
Tauwerk nieder, Klar Deck	*fr Braß leork*
Segel los, Segel fest	*fr 1*
An die Schoten, Halsen und Fallen	*OM Fall*
Bramsegel setzen, an die Schoten usw.	*Fallen aufschießen*
Obersegel setzen, an die Schoten usw.	*R Fall*
Alle Segel bergen, an die Geitaue usw.	*R Jording*
An die Brassen	*fr Braß leork*
Wenden	*-„-*
Halsen	*-„-*
Reinschiff	
Feuerlösch, Schotten dicht	

291 a 61

16

Erste Tage an Bord
26. Februar – 19. März 1962

Montag, 26.2.62

Um 8 Uhr verlassen wir nach einem Abschiedsgottesdienst die TMS II Bremerhaven. Bei der Fahrt [*mit einem Bw-Bus*] nach Kiel sehen wir nochmals die furchtbaren Bilder, die die Flutkatastrophe im Raume Hamburg und Umgebung hinterlassen hat. Gegen 14.30 Uhr erreichen wir die Tirpitzmole und damit die „Gorch Fock", die für das nächste Vierteljahr [*vier Monate*] meine Heimat sein wird.

Die ersten Arbeiten an Bord bestehen darin, den Inhalt eines riesengroßen Seesacks in einen winzigkleinen Spind zu verstauen. Doch das anfangs unmöglich Erscheinende wurde möglich, der kleine Spind nimmt nach gutem Zureden alles auf. Als nächstes mussten wir die Hängematten zurren und verstauen.
Bei der Aufteilung in Korporalschaften kam ich in die 11. Korporalschaft zu Maat von Plocky nach Steuerbord II.

Dienstag, 27.2.62

Das morgentliche Reinschiff fällt aus – die Zeit drängt. Der Vormittag vergeht mit Enterübungen und Kurztraining auf Toppsicherheit. Nachmittags müssen wir bei bitterster Kälte und Schneesturm die Segel annähen. An den wackligen Untergrund, den die Fußpferde darstellen, kann ich mich nur langsam gewöhnen. Die eisige Kälte vertreibt jeden Gedanken an Segelschiffsromantik. *(Sichtvermerk: Hier fängt die Romantik an   nicht erst im Südatlantik!)*

Mittwoch, 28.2.62

Heute machen wir unsere erste kleine Fahrt – wir verholen mit dem „Jockel" an die Blücherklötze, um gleich intensiv mit dem

Segelexerzieren beginnen zu können. Meine vorläufige Aufgabe beim Reinschiff beschränkt sich auf Messingputzen auf der Hütte.

Donnerstag, 1.3.62
Heute vormittag ist Einteilung im Topp für beide Wachen. Meiner Größe verdanke ich es, dass ich auf die Groß komme und noch dazu Steuerbord Nr. 1. Ich bin der letzte Mann, der auf-, der erste der wieder niederentert. Unzweifelhaft der beste Platz im Topp! Nachmittags starten wir fleißig Segelmanöver. Neptun zeigt sich immer noch sehr unfreundlich.

Freitag, 2.3.62
Diesmal heißt die Parole „Tampenkunde". In den wirren Komplex der zig Tampen dringt langsam, ganz langsam Licht ein. Daran schließt sich gleich eine „Tampenjagd" an. Es ist aber noch mehr ein bisschen Hinterherlaufen.
Um 16.20 Uhr ist I.O.-Musterung.

Samstag, 3.3.62
Reinschiff mit Anzug Gebetbuch! Damit lerne ich eine einmalige Methode kennen, die Planken sauber zu bekommen. Es wird Seifenwasser auf das Deck geschüttet, Sand darauf gestreut. Dann kniet man sich an Deck, bekommt einen Ziegelstein (Klinker) in die Hand und muss damit das Deck schrubben – das Letzte! Aber das Deck wird sauber.

Sonntag, 4.3.62
Die Steuerbord II. Wache hat Hafenwache. Vormittags und abends Läufer Deck, nachts Posten Achterdeck. Zwischendurch versuche ich noch die letzten Klarheiten an den Tampen zu beseitigen.

Montag, 5.3.62
Ausbildungsdienst! Das bedeutet: Segel los, Segel fest; rauf und

runter. Wettentern ist verboten, aber wehe, wenn der Großtopp nicht eher fertig ist als der Vortopp. Diese alte Rivalität soll auch unsere Crew wieder anspornen.

Dienstag, 6.3.62
Wir beginnen damit, Bier und andere Nahrungsmittel zu übernehmen. Der Ausbildungsdienst beschränkt sich deshalb auf eine Wache – die andere staut. Außerdem hatten wir kurzen Unterricht über Wenden und Halsen und Boje über Bord. Das Segelexerzieren nachmittags mit einer Wache klappt nicht recht.

Mittwoch, 7.3.62
Theorie und Praxis über Segelreffen den Vormittag über. Nachmittag mussten wir wieder Bierkisten schleppen und stauen. Um 16.00 Ausscheiden mit Dienst. Landgang. Ich suchte das Kieler Hallenbad auf und anschließend den „Wiener Wald".

Donnerstag, 8.3.62
Heute morgen war die ganze Takelage mit Raureif bedeckt und trotzdem gings in die Wanten. Der I.O. war zufrieden mit uns. Wir hatten unsere Schlappe vom Dienstag wettgemacht.

Freitag, 9.3.62
Heute ist der Tag ganz gemütlich. Während des Reinschiffs versenkte ich alte Trinkwasserbüchsen und andere schlechtgewordene Sachen. Anschließend war bis Mittag Zeugdienst und alles musste für die Kommandantenmusterung tip-top sein. Um 16 Uhr konnten wir bereits wieder an Land.

Samstag, 10.03.62
Heute machen wir die zweite kleine Reise mit unserem „Dampfer". Wir fahren in der Kieler Förde einige Schleifen, um den Kompaß zu kompensieren. Das zieht sich bis 14 Uhr hinaus – für

die Wochenendurlauber nicht sehr erfreulich. Ich war einer davon. Um ½ 4 Uhr war ich bereits in Neumünster und habe dort ein sehr schönes Wochenende verbracht.

Sonntag, 11.3.62
Doch auch dieser Sonntag ging schnell vorbei. Gegen 22.00 Uhr bin ich wieder auf unserem „Dampfer".

Montag, 12.3.62
Die erste Aufgabe ist Schneeräumen an Oberdeck. Es stürmt und ist bitterkalt. Während uns der Jockel in die Ostsee hinaus bringt, machen wir unter Deck Unterricht über Blockwerk. Nachmittags ziehen wir Ölzeug an und bemühen uns, in der eisbedeckten Takelage zurecht zu kommen. Der Kommandant der „Passat" schaut uns zu. Nachts ankern wir querab von der Tirpitzmole. Ich liege in der Hängematte und kann nicht schlafen. Übelkeit und Durchfall.

Dienstag, 13.3.62
Die Morgenwache von 04 bis 06 Uhr gibt mir den Rest. Ich suche das Revier auf und der Stabsarzt behält mich gleich. Ich bekomme Diätkost. Zu Mittag gar nichts, abends ein Stück Zwieback und bitteren Pfefferminztee.

Mittwoch, 14.3.62
Heute morgen bin ich schon fast fieberfrei, muss aber immer noch Diät leben. Morgens Zwieback, mittags Haferschleimsuppe ohne Salz und Zucker – aber ganz pikant. Für den Abend erlaubt der Stabsarzt schon einige Schnitten Weißbrot mit Butter. Aber der Magen warnt bereits wieder mit leichtem Rumoren.

Donnerstag, 15.3.62
Heute soll ich mich wieder an die Normalkost gewöhnen. Aber bereits beim Frühstück streikt der Magen – der Pförtner öffnet Tür

und Angel ... Zu Mittag gibt es gar nichts. Nach dreitägigem Fasten und Diätleben bekomme ich nun langsam Hunger – aber die Sannis bleiben hart: Diät. Mir wird klar, dass ich nur wieder gesund werden kann, wenn ich einen vernünftigen Schlag staue ... und tatsächlich, der Magen spielt mit. Alles okay.

Freitag, 16.3.62
Wenn ich übers Wochenende an Land will, muss ich aufstehen. Und der Stabsarzt tut mir den Gefallen: Ich werde als innendiensttauglich aus dem Revier entlassen. Bei der normalen Kost verschwinden auch noch die letzten Krankheitssymptome und ich habe, da ich vom Außendienst befreit bin, einen schönen Tag.

Samstag, 17.3.62
Der Dienst am Samstagvormittag ist wie immer Reinschiff. Meine Reinschiffstation ist außenbords. Mit Kuttenlecker und Waschbesen wird die Bordwand sauber gewaschen – und wo es notwendig ist, wird gepönt. Nach dem Dienstausscheiden mittags heißt die Parole „Landgang“. Für eine lange Zeit das letzte Wochenende an Land genießen.

Sonntag, 18.3.62
Die meisten von uns sind in Wochenendurlaub gefahren, die hier geblieben sind, suchen in Kiel Zerstreuung.

Montag, 19.3.62
Der letzte Tag im Hafen. Vormittags können wir noch einmal in die Kleiderkammer und tauschen. Anschließend strengen wir uns nochmal zwei Stunden an. Denn es geht um unser leibliches Wohl während der Fahrt. Nach dem Mittagessen marschieren wir ins Moselhaus und holen unsere ABC-Masken. Dies ist nicht ganz einfach, denn man muss in dem Durcheinander erst den richtigen Seesack finden. Als wir von dort zurück kommen, stellt uns unser

bisheriger I.O. Fregattenkapitän Engel den neuen I.O. Korvettenkapitän von Witzendorff vor.

Für das Auslaufen ist unser „Dampfer" scheinbar noch nicht schön
genug, denn bis Dienstausscheiden müssen wir hinterher pönen.
Und um 17 Uhr geht's dann zum letzten Mal an Land; ein letztes
Telefongespräch mit Daheim soll die besorgte Mutter beruhigen.
(Sichtvermerk: Insgesamt zu allgemein!)

Leinen los für Teneriffa
20. März bis 5. April 1962

Dienstag, 20.3.62

Nach dem allmorgentlichen Reinschiff ist heute an Bord und auf
der Pier großes Verabschieden. Es sind sehr viele Menschen an die
Pier gekommen: Väter, Mütter, Bräute und Bekannte, um ein letztes Lebewohl zu sagen. Eine schneidige Marinekapelle spielt und
dann werden wir von Flottillenadmiral von Blanc verabschiedet.
Mit dem Kommando „Vor- und Achterleinen los" beginnt unsere
große Reise. Drei Hurras schallen über die Pier und unter dem
Winken von zig Taschentüchern legt die „Gorch Fock" ab. Als wir
die Holtenauer Schleuse passieren, stehen hier schon wieder Angehörige, für die Lebewohlsagen besonders schwer zu sein scheint.
Aber mit seinem tiefen Brummen bringt uns unser „Jockel „ – ein
800 PS MAN-Motor – Meile um Meile voran.

Neptun scheint uns nicht wohlwollend gesinnt zu sein, denn
Schnee- und Regenschauer lösen einander ab. Kurz vor Einbruch
der Dunkelheit legen wir unmittelbar vor Brunsbüttelkooger
Schleuse an Backbordseite an. Die erste Tagesreise ist zu Ende.

***Frische Brise**: Auslaufen Kiel: Schneeschauer im Kanal, Nebel vor Brunsbüttelkoog. Dann Sonne auf der Unterelbe. Die Nordsee! Und dann mit achterlichem Wind an den weißen Felsen von Dover vorbei.*

***Weychardt**: Dienstag, 20. März 1962. Der große Tag war gekommen. Die Wehmut des Abschiednehmens wurde durch die Klänge des Marinemusikkorps Ostsee übertönt. Mit einem dreifachen „Hurra" auf die Heimat legten wir ab. Bereits am Mittwoch, nach Passieren des Nordostsee-Kanals, heißten wir bei eisiger Kälte und Regen die Stenge und die oberen Rahen. Um 16.00 Uhr Musterung durch den neuen Ersten Offizier, Korvettenkapitän von Witzendorff. Er ermahnte uns, den guten Ruf, der uns aus London nacheilte, auch zu halten.*
Die nächsten fünf Tage zogen sich hin. Am Sonntag wurden gegen zwei Uhr morgens alle Segel geborgen. Mit drei Knoten Fahrt und zwei Knoten Gegenströmung war es schwierig alle Termine einzuhalten. So sollte die Technik helfen. Aber bereits nach dem Morgenreinschiff mussten wir alle Segel wieder setzen, da die Maschine unklar war. Nach einer weiteren Stunde: „Alle Segel bergen!" – Der „Jokkel" lief wieder.

Mittwoch, 21.3.62

Dass Frühlingsanfang ist, erkannt man nur am Kalender. Zu den Arbeiten in der Takelage müssen wir die Ölzeughose anziehen. Wir heißen die Stengen, die für die Kanaldurchfahrt eingefiert worden waren und hieven die Oberrahen wieder auf. Anschließend werden die Segel angenäht. Die „Gorch Fock" ist für die große Reise klar! Um 16 Uhr ist I.O.-Musterung durch den neuen Ersten Offizier, Korvettenkapitän von Witzendorff. Damit ist der Dienst für heute beendet.

Donnerstag, 22.3.62

Für sechs Uhr morgens wäre „Seeklar" angesagt gewesen – aber eine dicke Waschküche verhindert das Ablegen. Unser Divisionsoffizier Kaleu von Stackelberg hält vormittags einige Stunden Unterricht über die Segel und die actio und reactio der einzelnen Tampen. Dann kurz vor 11 Uhr ist es soweit. Es ist zwar noch dichter Nebel, aber trotzdem zieht uns ein Schlepper in die Brunsbüttelkooger Schleuse, die wir gegen 12 Uhr passieren. *[Sichtvermerk: Der Schlepper zog uns nur von den Balken frei.]* Und nun fahren wir mit eigener Kraft – mit dem „Jockel" Elbe abwärts vorbei an Cuxhaven, wo uns zwei M-Boote begegnen, in Richtung freie See. Vorbei an drei Elbefeuerschiffen I, II, III. Wir sind gerade eifrig bei der Tampenjagd, als Steuerbord vor uns die beiden aufgelaufenen Schiffe, die „Ondo" und die „Fides" in Sicht kommen. Sie liegen nur wenige 100 m querab, aber doch unrettbar im Treibsand verloren. Die See, die bisher spiegelglatt war, frischt nun langsam auf und wir setzen Segel. Weit Steuerbord querab kann man im Dunst die Silhouette Helgolands erkennen. Abends, bei Einbruch der Dunkelheit erkennen wir an der Lage Helgolands, dass wir immer noch nicht weiter gekommen sind. Deshalb entern wir noch einmal auf und bergen die Segel. Der „Jockel" lässt wieder sein tiefes Brummen ertönen – sehr zu unserem Glück, denn auf diese Weise brauchen wir keine Segelwache gehen, sondern können in die Koje.

Freitag, 23.3.62
Bereits um 6 Uhr morgens werden wir wieder durch den BdW *[Bootsmannsmaat der Wache]* geweckt: „Steuerbord II. klar zum Manöver". Frischer Wind ist aufgekommen und wir können Segel setzen. Aber noch vor dem Frühstück muss ich Neptun mein erstes Opfer darbringen; er ist aber noch sehr gnädig und ich bin hinterher gleich wieder fit. Und so überstehe ich den Unterricht unseres Divisionsoffiziers den Vormittag über ganz gut. Er erklärt uns in der Theorie die Aufgaben, die der einzelne im Topp, auf der Rah und an den verschiedenen Tampen hat. Im Ernstfall ist jede Se-

kunde wichtig.

Nach dem Backen und Banken ist „zur Verfügung der einzelnen Korporale". Maat von Plocky erklärt uns zuerst einiges über Herstellung, Material und Pflege sowie Verwendung der verschiedenen Tampen. Über die Manila, Sisal, Hanf, Perlon, Dralon, Diolen. vom einfachen Kabelgarn bis zum 8 inch Manila. Nach der Pause wiederholen wir die Gebrauchsknoten, die wir Tag für Tag knüpfen müssen; angefangen vom Achtknoten bis zu „dem Knoten überhaupt", dem Palstek.

Standort: Kanaleingang (abends)

Samstag, 24.3.62

Von 0,00 bis 04.00 Uhr haben wir Seewache, Hundewache. Ich bin die ersten beiden Stunden Läufer Deck. Als solcher muss ich meine Kameraden, die auch Posten haben, mit Suppe versorgen und „Glasen".

Den Vormittag über machen wir Großreinschiff. Mit Kuttenlecker und Segeltuchpütz bewaffnet wasche ich den braunen Streifen an der Bordwand.

Nach dem Mittagessen müssen wir die Segeltuchschuhe schrubben und Backen und Banken sauber machen. Danach macht der Bordschuster Schuhmusterung. Um 18.30 tritt zum ersten Mal unser Chorus zusammen.

Gegen Mittag nimmt der Schiffsverkehr immer mehr zu. Um 12.30 kommt Steuerbord voraus im Dunst die englische Küste in Sicht. Die Sicht wird langsam klarer und wir erkennen nun ganz klar in ca. 8 km Entfernung die Kreidefelsen von Dover – an Backbord die französische Küste ganz schwach. Mit bloßem Auge können wir wunderbar die englische Küste beobachten: Dover und die ganze Küste entlang Kastelle, Ortschaften, Werften. Laufend überholen und begegnen uns Schiffe. Es sind täglich 800 bis 1.000.

Standort: Straße von Dover, gegen 16 Uhr.

Sonntag, 25.3.62

Die vergangene Nacht hat viele Flüche gehört. Von 9 – 12 Uhr schliefen wir auf gezurrten Hängematten, von 12 – 04.00 Uhr in den Hängematten und dann wieder angezogen auf gezurrten Hängematten. Um 06.00 werden wir zum Kartoffelschälen geweckt. Nach dem Reinschiff ist Ausscheiden mit Dienst. Anzug reines weißes Arbeitszeug. Eine halbe Stunde später blaues Arbeitszeug, beide Wachen klar zum Manöver. Wir setzen wieder Segel, die in der Nacht vorher festgemacht worden waren – Flaute. Wieder eine halbe Stunde später: Alle Segel bergen; enter auf … Wir fahren wieder mit Maschine.

Der Kommandant erklärt uns weshalb. Der Jockel ist ausgefallen. Über Irland steht ein Tief, über den Azoren ein Hoch, das sich langsam abbaut. Und um die SO-Winde, die am Kanalausgang wehen, noch ausnutzen zu können, müssen wir so schnell wie möglich dorthin kommen. Deshalb werden für kurze Zeit die Segel gesetzt.

Zu Mittag gibt es heute Hähnchen. Hinterher wählen wir unseren Decksältesten. Es wird Seekadett Gola. Um 14.00 Uhr sehen wir in unserem Deck zwei Filme über den Staat und die Stadt New York. Gegen Abend briest es auf und die ersten – darunter auch ich – laufen bereits mit bleichen Gesichtern herum. Das Kommando „Klar bei Hängematten!" bewahrt uns vor dem Letzten.

Frische Brise*: Sonntag ist's. Und es briest steif mit 7. Wir stehen vor der Einfahrt in die Biscaya – und einer muss seinen Blinddarm lassen!*

Montag, 26.3.62

Die Nacht über hatten wir Bauernnacht und als wir morgens aufwachten, standen wir mitten in einem dicken „Steam". Die Hängemattsmusterung unter Deck überstand ich noch mit Müh' und Not, aber das Anstellen vor den Waschräumen schon nicht mehr. Poseidon verlangt seinen Tribut.

Den ganzen Tag über sieht man die Lords in allen unmöglichen Haltungen am Wassergraben hängen. Auch ich besuchte ihn mehrmals … Die Smuts hatten sich drauf eingestellt – das Essen schmeckte rauf genauso gut wie runter.

Den Vormittag über war ich Rudergänger. Wir steuerten zuerst 236°, später 240°.

Nachmittags machten wir zuerst Unterricht über Drahtspleißen, das wir anschließend auch praktisch übten. Die letzte Stunde unterrichtete OLt Gunther Herpich über Betonnung und Befeuerung der Seestraßen.

Standort: *querab Halbinsel Cotentin*

***Weychardt:** Die nächsten fünf Tage zogen sich hin. Am Sonntag wurden gegen zwei Uhr morgens alle Segel geborgen. Mit drei Knoten Fahrt und zwei Knoten Gegenströmung war es schwierig alle Termine einzuhalten. So sollte die Technik helfen. Aber bereits nach dem Morgenreinschiff mussten wir alle Segel wieder setzen, da die Maschine unklar war. Nach einer weiteren Stunde: „Alle Segel bergen!" – Der „Jockel" lief wieder.*

Die Natur war gegen uns am Montag, dem 26. März. Die Maschine brachte uns schneller voran als die Segel. Die Seekrankheit griff um sich und viele Kameraden lagen wie tote Fische irgendwo unter den Spinden. Da ich bereits eine Reise mit der GORCH FOCK hinter mir hatte, war ich schon etwas seefest. Ich half deshalb einem Kameraden bei seiner schweren Arbeit als Backschafter. Sein zweiter Mann hing in den Seilen.

Dienstag, 27.3.62

Die Übelkeit flaut heute morgen mit dem Segelsetzen ab, um 08.15 Uhr. Das Schiff erhält dadurch zwar eine gewisse Krängung, aber es liegt viel ruhiger im Wasser und rollt nicht mehr so wie beim Jockeln.

Den morgendlichen Dienst bringen wir mit Taklingnähen und -wickeln und Segeltuchnähen herum. Zwischendurch unterbricht der Kommandant mit einigen Worten den Dienst. Er weist darauf hin, dass wir im Moment die 200 m-Linie überschreiten und nun 4.000 m Wasser unter uns haben. (*Sichtvermerk: Ein unmittelbarer Übergang von 200 auf 4.000 m ist doch etwas unwahrscheinlich!*) Wir erkennen das auch sofort an der Farbe des Wassers. In der Ostsee war es tiefgrün. Im Kanal und in der Elbmündung schmutzig grau, in der Nordsee hellgrün, vor Eingang Ärmelkanal wird das Grün dunkler, nur Untiefen färben das Wasser hellgrün. Im Ärmelkanal entsteht eine sonderbare Mischung aus bleigrau im Wellental, gelbgrün der Wellenberg und obendrauf eine weiße Gischt, gewissermaßen als Krone. Als wir heute die 200 m-Linie überschreiten wird es auf einmal dunkelblau, fast violett. Auf der langen Dünung entsteht eine weiße Schaumgischt.

Der Kommandant ist noch nicht am Ende. Er erinnert uns daran, dass in diesem Seegebiet zig U-Bootfahrer ihr nasses Grab gefunden haben und unweit von hier – 200 sm nördlich von Ouessant am 27. Mai 1941 die „Bismarck" gesunken ist und 1.800 tapfere Seeleute dabei den Tod gefunden haben. Das sollen wir nie vergessen.

Nachmittags erfahren wir einiges über Loggen und Loten. Hinterher machen wir unsere ersten Winkerversuche.

Einem Kameraden wurden 220 DM gestohlen!

Mittwoch, 28.3.62

Kaleu von Stackelberg versucht heute morgen, uns in die Grundbegriffe der Segelschiffstypen einzuweihen:

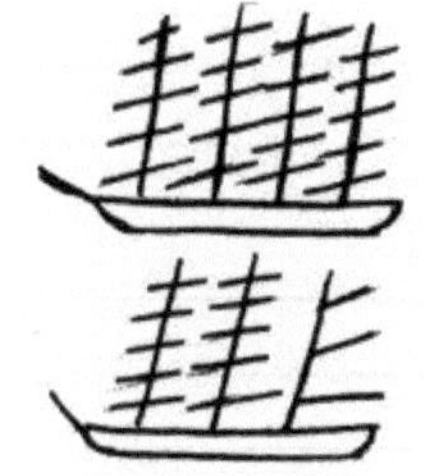

Vollschiffe haben drei, vier, fünf Masten, die alle mit Rahen getakelt sind. (Vor-) Fock-, Groß-, Achter- und Kreuzmast

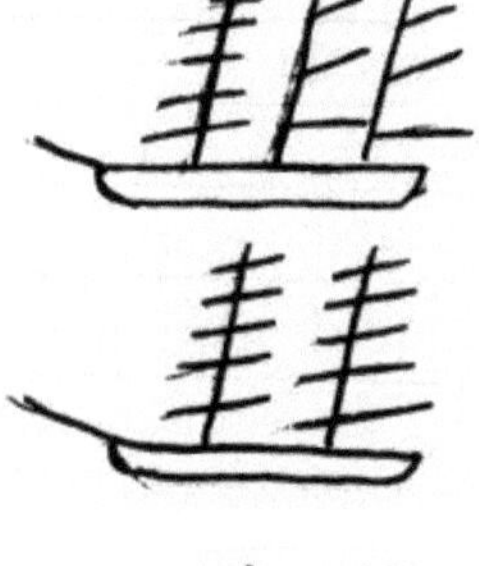

Barken haben zwei oder drei rahgetakelte Masten, der achtere heißt immer Besan

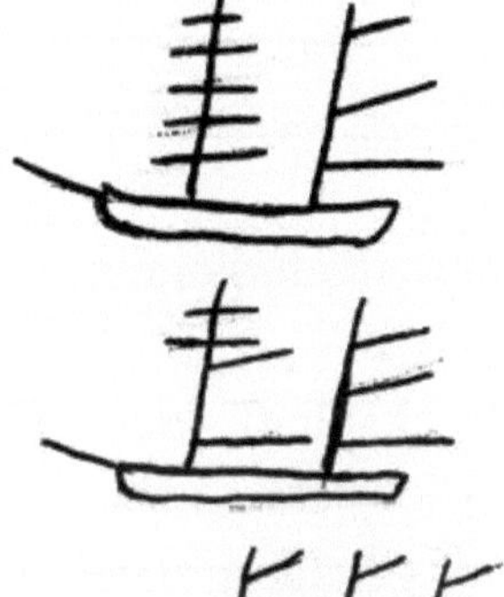

Barketine hat einen rahgetakelten und zwei Masten mit Schratsegeln

Brigg hat zwei rahgetakelte Masten

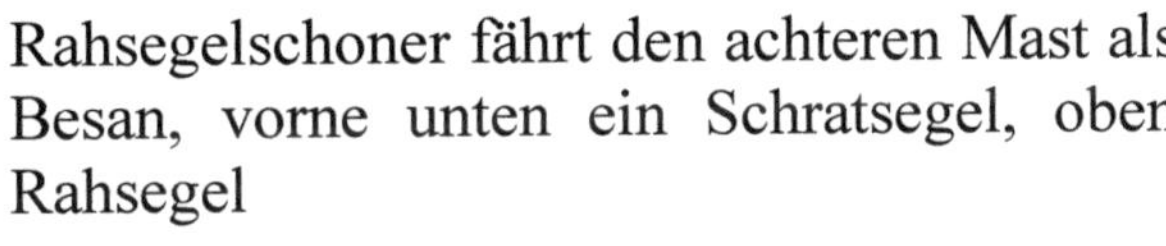

Brigantine hat einen rahgetakelten Mast und den achteren mit Schratsegeln

Rahsegelschoner fährt den achteren Mast als Besan, vorne unten ein Schratsegel, oben Rahsegel

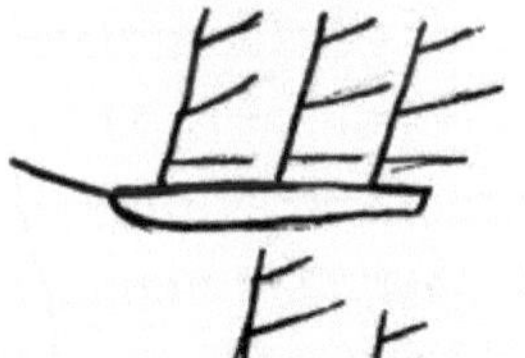

Schoner können bis zu fünf Masten haben, jedoch alle mit Schratsegeln

Ketch: man sieht sie heute nur noch selten als Jacht. Der achtere Mast steht vor der Ruderpinne

Yawl: sie ist der gebräuchliche Jachttyp und unterscheidet sich durch den Platz der Ruderpinne vor der Ketch.

Sloop ist ein normales Sportsegelfahrzeug

Aber heute um 10.30 Uhr unterbricht uns das Kommando: „Beide Wachen klar zum Manöver!" Wegen des starken Windes werden die Segel von Lee nach Luv gesetzt.

Nach dem Essen haben wir große Chorprobe, aus der jedoch nicht allzuviel wird. Der Wind hat gedreht und wir müssen die Segel wieder bergen. Um das Schlagen der Segel zu verhindern, bergen wir sie von Luv nach Lee. Von 16.00 – 18.20 Uhr ist die Steuerbord II. wieder mit Seewache an der Reihe. Ich bin Posten Rettungsboje, brauchte aber nicht in Aktion zu treten.

Standort: *westliche Biscaya, Höhe Bordeaux*

Donnerstag, 29.3.62

Vormittags haben wir Handarbeiten, seemännische Handarbeiten: Stopper flechten, Matten flechten und ähnliche Scherze.

Nachmittags üben wir Spleißen: Augspleiß, Rückspleiß, Seemannsspleiß. Tagsüber sind wir andauernd auf die Küste zugelaufen. Abends haben wir uns jedoch der Küste soweit genähert, dass wir wieder die Segel bergen, um mit Hilfe des Jockels aufs Meer hinaus, Richtung SO fahren zu können. Nach dem abendlichen Reinschiff erreicht die Stimmung im Deck – nach der Hängemattsmusterung am Morgen – den tiefsten Punkt. Denn es herrscht ein nahezu unerträglicher Mief und eine merkwürdige Schwüle. Man schwitzt noch, wenn man in der Hängematte liegt.

Standort: *querab iberische Halbinsel, Höhe Vigo*

***Frische Brise**: Cap Finisterre liegt achteraus. Außer Sichtweite entlang der portugiesischen Küste. Stürmische Tage und trotzdem kaum Segel. Der „Jockel" muss herhalten und gibt sein Bestes.*

Freitag, 30.3.62
Nicht nur unter Deck, auch an Oberdeck steigt das Barometer von Tag zu Tag und langsam beruhigt sich die See wieder. Weil ich wegen dieser Wärme keinen Pullover anziehe, bekomme ich eine Stunde Arbeitsdienst. *(Sichtvermerk: UNIFORM heißt einheitlicher Anzug!)*
Als Unterrichtsthema ist diesen Vormittag: „Anker und Ketten". Wir lernen, dass ein Schiff nicht mit dem Anker (Stockanker, Patentanker, Draggen), sondern mit der Kette ankert. Es wird beim Ankern das drei- bis vierfache an Kettenlänge ausgefahren als die Wassertiefe beträgt.
Am Nachmittag erfahren wir Einiges über unsere Rettungsinseln, die während des Krieges von den englischen Fliegern entwickelt worden sind. Danach erzählt uns unser WO OLt Herpich über die Seestraßenordnung.
Standort: Höhe Lissabon

Samstag, 31.3.62
Mit Backen und Bänke und Segeltuchschrubben beginnt das Großreinschiff, das bis 10.30 dauert. Inzwischen sind wir auf die Höhe von Gibraltar gelangt, von dem wir 200 Meilen querab stehen. Wir haben wieder genügend Raum und der Kommandant befiehlt für 11.15 Uhr die Segel zu setzen. Von 12.30 – 16.00 haben wir Wache. Ich bin Signalposten und muss als solcher das Logbuch führen. Kurs, Geschwindigkeit, Wind, Seegang, Barometerstand, Temparatur von Luft und Wasser, Sicht und Mißweisung müssen eingetragen werden. Wasser 16°C, Luft 22°C. Die See ist tiefblau.
Standort: Ceuta (15.00 Uhr)

Sonntag, 1.4.62

Von 00.00 bis 04.00 Uhr haben wir Hundewache und sind deshalb beim Aufstehen um 06.30 Uhr noch ziemlich müde. Nach dem Reinschiff – wir sind gerade beim Umziehen – ertönt die Alarmanlage: zweimal Lang : Boje über Bord. Wir brassen den Großtopp rund achtern, sodass er in einem spitzen Winkel zum Vortopp steht und dadurch die Fahrt aus dem Schiff kommt. Der Kutter kann nun zu Wasser gelassen werden und die Boje bergen.

Zur Musterung tragen wir heute erstmals wieder weiße Mützen. Und bei diesem, etwas feierlichen Rahmen, spricht der I.O. Beförderungen aus. Drei Maate werden zu Obermaaten, Gefr. OA Kruse wird Seekadett. Gefreite werden Obergefreite und wir, die OAs, immer noch die einzigen Matrosen an Bord, werden zu Gefreiten OA. Nachmittags tritt der Chor zusammen und abends ist Film.

***Weychardt:** Der 1. April war gekommen. Ein großer Tag für die meisten meiner Kameraden - die Beförderung zum Gefreiten OA: endlich ein goldener Streifen auf dem Ärmel. Doch unsere Ausbilder erlaubten sich vorher noch einen kleinen Aprilscherz: Bojenmanöver vor dem Umziehen! Temperaturen wie im Hochsommer. Wasser wie im Aquarium, warm und ruhig. So war die Segelwache von vier bis acht Uhr fast erholsam.*

Montag, 2.4.62

Zwar ist vom Land noch nichts zu sehen, aber eine gewisse Unrast, die an Bord einkehrt, lässt erkennen, dass wir uns Tenerife nähern. Den ganzen Tag ist Großreinschiff, überall wird gewaschen, geputzt und gepönt.

Einige Singvögel, die uns schon mehrere Tage begleiten und Gesellschaft leisten, erleben eine böse Überraschung. Ein Wanderfalke, der überraschend auftaucht, schlägt einen von ihnen und verspeist ihn auf der Groß und nur einige Federn bleiben über.

Dienstag, 3.4.62

Den Vormittagsdienst füllen wir mit Unterricht. Wir machen zuerst Spleiße: Langspleiß, Augspleiß und Kurzspleiß. Anschließend erfahren wir wieder Einiges über die Seestraßenordnung und Kompass. Zum Schluss erzählt uns der Stabsarzt etwas über die Anatomie und Erste Hilfe.

Um 18.00 Uhr wird jetzt immer ein neuer Befehl ausgepfiffen: Leibbinde umlegen. Denn in den Breitengraden, in denen wir uns jetzt befinden, ist der Temperaturunterschied zwischen Tag und Nacht ziemlich groß.

Standort: querab Madeira.

Mittwoch, 4.4.62

Zum ersten Mal sehen wir heute wieder Land, die östlichste der Kanarischen Inseln, Lanzerote. Hier ändern wir Kurs und gehen auf 240°. Unser Divisionsoffizier macht uns mit Land und Leuten von Tenerife bekannt und macht dabei besonders, wie schon vorher der I.O. und der Stabsarzt, auf die gesundheitlichen Gefahren, die bei zu intimen Beziehungen auftreten können, aufmerksam.

Nachmittags ist Zeugdienst. Ich benütze die Zeit, um die Gefreitenbalken und Seesterne an meiner Paradeuniform anzunähen.

Donnerstag, 5.4.62

Gegen Mittag taucht im Dunst die Silhouette von Tenerife auf, unser erstes Etappenziel. Wir freuen uns schon alle, den Fuß wieder auf festen Boden setzen zu können, denn ein Funkspruch aus Bonn erteilt die Erlaubnis, heute schon einzulaufen. Aber eine entsprechende Anfrage in St. Cruz fält negativ aus. An der Pier ist kein Anlegeplatz für uns. Deshalb gehen wir abends auf Reede vor Anker. Die anfangs nur schemenhaft erkenbaren Umrisse werden immer klarer, je weiter wir uns der Insel nähern. Für mich ist der Anblick umso erfreulicher, als ich endlich wieder Berge sehen kann.

Segelschulschiff „Gorch Fock"   in See, 4.4.1962
    - Schiffsarzt –

Merkblatt
zur Verhütung von Geschlechtskrankheiten
(im Rahmen der Gesundheitsbelehrung an Bord)

1. Hafenstädte südlicher Breiten, insbesondere auch atlantischer Inselgruppen wie Teneriffa, die einen starken Zustrom von Fremden aus aller Welt verzeichnen, haben nachweislich einen erschreckend hohen Grad der Durchseuchung ihrer Bevölkerung an Geschlechtskrankheiten.

2. Jeder Verkehr in Bordellen, schlecht beleumundeten öffentlichen Lokalen oder das Sich-Einlassen mit Straßenmädchen birgt die große Gefahr der Ansteckung mit Geschlechtskrankheiten. Je stärker in südlichen Breiten das soziale Gefälle ist, umso verbreiteter ist der Gelderwerb durch offene oder getarnte Prostitution.

3. Selbstdisziplin, Enthaltsamkeit und Vermeidung eines stärkeren Alkoholgenusses sind der beste Schutz vor Ansteckung und ihren schwerwiegenden Folgen für die Gesundheit jedes einzelnen Soldaten. Man bedenke, dass Alkohol, besonders die in ihrer individuellen Wirkungsbreite schlecht abzu schätzenden Inselweine, unter subtropischen Klimabedingungen genossen, unerwartete Folgen haben können: Kritik, eigenes Urteilsvermögen und Einschätzung der Situation leiden schwer darunter.

4. Das Soldatengesetz vom 19.3.1956 (BGBl I S.114) in der Fassung des 2. Gesetzes zur Änderung des SG v. 5.12.1959 (BGBl I S.898) besagt im § 17 Absatz 4 ganz eindeutig:
„Der Soldat hat alles in seinen Kräften Stehende zu tun, um seine Gesundheit zu e r h a l t e n , oder wiederherzustellen. Er darf seine Gesundheit nicht vorsätzlich oder grobfahrlässig (!) beeinträchtigen. Der Soldat muss ärztliche Eingriffe in seine körperliche Unversehrtheit … dulden, wenn es sich um Maßnahmen handelt, die der Seuchenbekämpfung dienen."

5. Bei Nichtbeachtung obiger Feststellungen (Punkt 1 bis 3) ist der Tatbestand der „grobfahrlässigen Beeinträchtigung der Gesundheit" (lt. Soldatengesetz siehe oben!) bereits erfüllt.

6. Das enge Zusammenleben an Bord, bordbedingte Einschränkungen in der Körperhygiene, Kameradschaft und eigenes Verantwortungsgefühl dem anderen Kameraden gegenüber <u>verpflichten</u> den Soldaten, der fahrlässig seine Gesundheit aufs Spiel setzte, s o f o r t nach einem stattgehabten Verkehr im Schiffslazarett die prophylaktische Behandlung zu erbitten. Das Schiffslazarett ist zu dieser Kameradenhilfe nachts dienstbereit. Diese vorbeugende Behandlung ist eine hygienische, keine ärztliche Maßnahme. Sie wird vom diensthabenden SanGasten ausgeführt und ist – nach Übertretung obiger Warnungen – der einzige wirksame Schutz zur Verhütung einer Ansteckung noch nach stattgehabtem Verkehr.

Dr. N a u m a n n
Marinestabsarzt u. Schiffsarzt

Auf Reede machen wir dann arbeitsmäßig die Segel fest, was unserem Kaleu allerdings zu langsam ging. Deshalb gibt er uns nach 18.00 Uhr Gelegenheit, uns darin zu üben. Wir machen im weißen Arbeitszeug die Segel <u>viermal</u> los und fest. *(Sichtvermerk: Wie charmant Sie übertreiben!)* – Hinterher gibt es pro Mann eine Flasche Freibier! Einige Kameraden haben sich beim Abklemmen der Brassen, aus denen der letzte Zentimeter Reck geholt worden ist, die Finger verbrannt!

Frische Brise*: Sonne vor Santa Cruz de Tenerife. Man riecht das Land und den Wein – und dann macht man sich landfein und ist drei Tage auf Tenneriffa.*

Auf Teneriffa

6. bis 9. April 1962

Freitag, 6.4.62

Um 05.30 Uhr werden wir bereits geweckt. Das Reinschiff, das wir vor dem Ankerlichten machen, beschränkt sich bei den Außenbordsreinigern auf das Bereitlegen der Vor- und Achterleinen.

Santa Cruz de Tenerife

Aber es ist nicht sein einziger neuer Begleiter. Mit völlig zerzaustem Gefieder sitzt eines Morgens eine kleine schwarze Seeschwalbe auf der Poop. Diesem Beispiel folgen mehrere kleine Singvögel. Plötzlich aber ist einer da, der Unruhe unter das lustige Völkchen bringt. Ein Falke schießt durch die Takelage. Ein für den Atlantik und ein Segelschiff seltener Anblick. Der Falke steigt hoch bis zur Royal, um sich dann von oben plötzlich pfeilschnell auf einen kleinen Sänger zu stürzen. Schon hat sich der Falke auf die Großrah niedergelassen, um in aller Ruhe sein Opfer zu kröpfen.

Der langersehnte, achterliche Nordost treibt das Schiff tags bei strahlendem Sonnenschein nach Süden, während es in den sternklaren Nächten von den silbern leuchtenden Streifen umgeben ist, welche die um das Schiff spielenden Delphine in ihrem Kielwasser hinterlassen. Vier Glasen schlägt die Schiffsglocke an und laut singt der Posten Ausguck: „Auf der Back ist alles wohl, Laternen brennen!" Im stillen aber denkt er: Morgen werden wir die Kanarischen Inseln in Sicht bekommen, und Santa Cruz erreichen,

von Stackelberg

„Gorch Fock" sicher über den Atlantik

Neunte Ausbildungsreise des Segelschulschiffes von Europa nach New York

Eigener Bericht der Kieler Nachrichten

Auf seiner bisher längsten Ausbildungsreise befindet sich gegenwärtig der schneeweiße Segler. Ein erster Bericht erreichte uns jetzt aus dem Hafen Santa Cruz von Teneriffa (Kanarische Inseln), wo die „Gorch Fock" Wasser aufnahm und damit gleichzeitig das vor drei Jahren abgegebene Versprechen, bald wiederzukommen, einlöste. Am 16. Juni — rechtzeitig zur „Kieler Woche" — wird die Bark im Heimathafen zurückerwartet.

Für eine halbe Stunde bricht die Sonne durch die verhangene Wolkendecke über der Kieler Bucht. Ausgerichtet steht die Besatzung in ihrem weißen Zeug an Oberdeck. Das Abschiedsständchen des Marinemusikkorps verklingt langsam in der Ferne. Winkende Menschen bleiben auf der Pier zurück. Zum ersten Male in der Geschichte der Bundesmarine soll diese neunte Ausbildungsreise das Segelschulschiff „Gorch Fock" über den Atlantik bringen.

Erst, als die an Deck festgelaschten Rahen der Bram und Royal, und die wegen der Kanaldurchfahrt weggefierten Stengen wieder aufgebracht sind, und das Feuerschiff Elbe I achteraus verschwindet, hat auch die Besatzung das Gefühl: die Reise hat begonnen, die Reise nach New York!

„Beide Wachen klar zum Manöver!" Das Komando verwandelt die Besatzung in einen Bienenschwarm. Aus den Schotten quellen sie heraus, zwängen sich die Niedergänge hoch auf ihre Manöverstation. Schon folgen Kommando auf Kommando: „Alle Segel setzen, Toppsgasten von beiden Wachen enter auf!" „Tauwerk nieder zum Segelsetzen, Schoten an Steuerbord!" „Segel los, Oberrahgasten enter auf!" Es sind noch viele Kommandos mehr, die die Besatzung in der Takelage und an Deck in emsige Tätigkeit versetzen, bis alle Segel stehen. 23 Segel sind es mit fast 2000 Quadratmeter Tuch. Ueber der Nordsee bricht die Sonne durch die Nebeldecke und ein leichter Nordost treibt das Schiff dem englischen Kanal entgegen.

Weiß leuchten an Steuerbord die Kreidefelsen von Dover im Sonnenlicht. Aber bald schon ziehen sich die Wolken wieder zu einer dichten grauen Decke zusammen. Sie bescheren dem Schiff einen unliebsamen Südwest, der bis auf 7 Windstärken anwächst. Zur gleichen Zeit meldet der Schiffsarzt einen akuten Blinddarmfall. Kommandant und I. Offizier bemühen sich, das Schiff auf einen möglichst ruhigen Kurs zu legen. Um 20 Uhr beginnt die Operation. Trotz des rauhen Wetters arbeitet der Schiffsarzt schnell und sicher. Der Navigationsoffizier assistiert. Nach Fünfviertelstunden ist es geschafft.

Tage sind vergangen. Tage des Schlingerns, Stampfens und Dümpelns, mit widrigen Winden und hoher See. Nun liegt das Schiff unter Vollzug bei strahlendem Sonnenschein auf Kurs und das tiefe Blau des Atlantik ist zu seinem ständigen Begleiter geworden.

Während wir in den Hafen von Santa Cruz de Tenerife einlaufen, treten beide Divisionen in weißem Paradezeug auf den Musterungsplätzen an. Außer den Hafenarbeitern stehen nur wenige Auslandsdeutsche an der Pier.

Wir hatten kaum die Gangway ausgebracht, als auch schon der Konsul und der Attaché einen ersten offiziellen Besuch abstatteten. *(Sichtvermerk: Und am Abend vorher?)*

Nach der Morgenmusterung machen wir bis Mittag Reinschiff. Als Außenbordsreiniger muss ich die Bordwand an der Pierseite pönen. Mittags ist eine Stunde Postausgabe. Um 14.00 Uhr schießen wir zum ersten Mal an Land.

Dabeiwerden wir gleich von den fliegenden Händlern überfallen. Aber darauf waren wir bereits an Bord vorbereitet worden und fielen daher auch nicht auf den Erstbesten herein. Die Stadt selbst macht auf mich einen guten Eindruck. Alles steht in vollster Blüte und die Sonne brennt herunter. Die Leute betrachten uns neugierig und anfangs auch etwas zurückhaltend. Doch als sie dahinter kommen, dass wir „alemán" sind, geben sie ihre Zurückhaltung auf und sind sehr freundlich. Das ganze Leben spielt sich noch echt südländisch auf der Straße ab. Geschäfte in unserem Sinne gibt es wenig. Alle sind nach der Straße hin fast völlig offen und werden nachts nur durch ein Tor abgeschlossen. Genauso ist es mit den Gaststätten. Die meisten haben nur eine Theke und sind für deutsche Begriffe schmutzig. Überall in den Bars liegt Schmutz und Zigarettenüberreste am Boden. Aber das schert uns nicht allzuviel, da der Vino billig ist und sehr gut mundet.

Palmen, Bananenstauden und der
Pico del Teide

Auffallend sind die großen sozialen Unterschiede. Man sieht die neuesten Straßenkreuzer und auch großes Elend. Bettelnde Kinder trifft man überall an, die sich wie Kletten an die deutschen Seelords hängen und Pesetas wollen. Gibt man einem welche, so hat man hinterher ein Dutzend dieser Kerle am Hals hängen.

Weychardt: Die hell leuchtende Morgensonne ließ die herrlichen, bizarren Berge Teneriffas und die „weiße Stadt" Santa Cruz am Freitag, dem 6. April, in einem faszinierten Licht erscheinen. Den ersten Weg in dieser wunderschönen Stadt machten wir zum Postamt (Correos in der Landessprache). In einem anschließenden Stadtrundgang lernten wir die Versuchungen kennen, die jede Hafenstadt in sich birgt.

Samstag, 7.4.62
Nach dem Reinschiff stehen schon die Omnibusse bereit, die uns kreuz und quer durch die Insel fahren. Als erstes besichtigen wir in der Universitätsstadt einen uralten Drachenbaum, einen der wenigen Exemplare, die es von diesem aussterbenden Baum noch gibt. Von hier aus fahren wir weiter nach Puerto de la Cruz, eine Stadt, die bereits vom Fremdenverkehr lebt. Überall riesige Hotels und deutsche Touristen. Hier falle ich nun auch auf die Händler herein und muss mein Lehrgeld zahlen. Einen kleinen Kaiman, den ich für 150 Peseten erstehe, bekommt hinterher ein anderer Kumpel für die Hälfte.

Mit Hilfe einer Deutschen finden wir am Hafen eine nette kleine Gastwirtschaft in der wir sehr gut und preiswert essen. Paella, und Grog à la Cubana, und eine Flasche Vino Tinto. Nachdem wir uns auf diese Weise den Bauch vollgeschlagen haben, benutzen wir die noch bleibende Zeit bis zur Abfahrt für einen Bummel durch dieses nette Städtchen. An allen Ecken und Enden stoßen wir auf Händler, die mit großer Beharrlichkeit – fast möchte ich sagen

Aufdringlichkeit – versuchen, uns ihre Waren aufzudrängen.

Ehe wir wieder losfahren, singen wir auf dem Marktplatz ein Ständchen; Seemannslieder und Marschlieder, die von der Bevölkerung mit großem Applaus aufgenommen werden.

Mit der Fahrt durch Puerto fahren wir oft kilometerweit durch Bananenplantagen. Um mehr über diesen Hauptexportartikel dieser Insel zu erfahren, besichtigen wir auch eine Verpackungsstation. Eine riesige Halle, in der Männer, Frauen und Kinder emsig beschäftigt sind, die grünen Bananenstauden, die in riesigen Mengen herumstehen, zu verpacken und zu verladen.

Auf dem Rückweg, der uns wieder durch weite Bananenkulturen führt, und als die Passatwolke einmal kurz aufreißt, können wir auch einen Blick auf den Teide, den mit 3.770 m höchsten Berg der Insel werfen, der auch um diese Zeit noch von einer Schneehaube gekrönt war.

Die Bananenstaude übrigens braucht zwei Jahre zum Heranwachsen und trägt nur ein einziges Mal Frucht.

Als wir gegen 18.00 h an Bord zurückkehren, nehmen wir ein kurzes Abendessen zu uns und machen uns dann schon wieder auf den Weg, um einer Einladung des Clubs Nautico Folge zu leisten. Dabei stellen wir allerdings fest, dass in südlichen Ländern gesellschaftliche Veranstaltungen nicht wie in Deutschland gegen 20.00 Uhr enden, sondern gegen 22.00 Uhr erst beginnen. Der Grund dafür ist sehr einfach: die Hitze. Es wird ein sehr netter Abend, der durch den Zapfenstreich um 02.00 beendet wird.

A las ocho de esta mañana llegó a nuestro puerto, quedando atracado al muelle Sur, el buque-escuela alemán "Gorch Fock", que viene al mando del comandante, Capitán de Navío señor Erhardt, trayendo de primer oficial al capitán de Fragata señor Hans Engel, en un viaje de prácticas, con una dotación total de 255 hombres, entre oficiales, suboficiales, aspirantes y tripulación.

Una vez finalizadas las operaciones de atraque del esbelto buque, que fueron rapidísimas y presenciadas por numeroso público desde distintos lugares de los muelles y del litoral, subió a bordo a saludar al señor comandante el Cónsul en Tenerife de la República Federal Alemana, haciéndolo después los oficiales de la Comandancia de Marina y de la Capitanía General que cumplimentaron al señor Erhardt.

A las diez menos cuarto, el comandante del buque-escuela, en unión del primer oficial, señor Hans Engel, y acompañado del Cónsul, señor Ahlers, iniciaron las visitas protocolarias a las primeras autoridades militares y civiles, siendo recibidos en sus respectivos despachos por el señor Comandante de Marina, don Ginés Sanz y García de Paredes; ... serán anunciadas oportunamente, el público podrá visitar las dependencias del buque.

En honor de los oficiales y cadetes se han organizado distintos actos, entre ellos excursiones a lugares pintorescos de la isla, y una fiesta extraordinaria en los salones del Real Club Náutico de Tenerife.

El "Gorch Fock" zarpará el próximo lunes con destino al puerto de Nueva York.

Reciban los distinguidos marinos alemanes nuestro cordial saludo de bienvenida.

El buque-escuela "Gorch Fock", en Tenerife

VIERNES, 6 DE ABRIL DE 1962

Sonntag, 8.4.62

Bei dem strahlend blauen Himmel steigt der Quecksilberfaden im Barometer wieder über 30°C. Das nutze ich heute nachmittag aus, um in dem Becken des Clubs Nautico wieder einmal ausgiebig zu baden. Dabei habe ich aber vergessen, dass die Sonne hier im Süden etwas intensiver scheint als in Deutschland und deshalb einen leichten Sonnenbrand bekommen. Den aber ein Gin fizz hinterher schnell vergessen lässt.

Einladung und Gegeneinladung

"Die deutsche Kolonie wird zu einem Coctail-Empfang an Bord des Deutschen Segelschulschiffes "Gorch Fock" am Sonntag, den 8. April von 17.00-19.00 Uhr, herzlichst eingeladen.

Der Kommandant
Der Deutsche Konsul"

Abends revanchiert sich unser „Dampfer" für die gestrige Einladung und gibt einen Cocktail-Empfang. Da dazu aber nur Offiziere eingeladen sind, begebe ich mich mit einigen Kameraden auf die Suche nach einem kleinen Weinlokal. Ein kleiner Pavillon an der Strandpromenade bietet sich an und eine Flasche Portwein macht uns beinahe wunschlos glücklich. *(Sichtvermerk: Beneidenswert!)*

Am Strand

Montag, 9.4.62

Unser letzter Tag, besser unsere letzten Stunden in St. Cruz sind angebrochen. Nach einem kurzen Reinschiff können wir noch einmal eine Stunde lang den Fuß auf festen Boden setzen.

Inzwischen haben sich viele Menschen – meist Auslandsdeutsche – auf der Pier versammelt. Noch ein paar Schnappschüsse und dann beginnt das große Abschiednehmen von der schönen Insel. Stelling ein, Vor- und Achterleinen los, Maschine langsame Fahrt voraus! Mit diesen Kommandos endet unser Aufenthalt in

Tenerife. Die Menschen an der Pier winken und wir grüßen mit drei Hurras zurück.

Paradiesisches Teneriffa

Dann setzen wir sofort Segel und fahren langsam aus dem Hafen hinaus. Alle Schiffe, die wir passieren, grüßen mit Flaggengruß und drei langen und einem kurzen Heulton – für mich ein sehr eindrucksvolles Bild.

Dann müssen wir die Segel schnell wieder bergen, um um die Mole herumzukommen. Auf offener See geien wir die Segel wieder auf und fahren einige Wendemanöver, um Abstand von der Küste zu gewinnen. *(Sichtvermerk: Stimmt nicht, sondern damit die eingerosteten Glieder wieder warm werden!)* Langsam schiebt sich ein Dunstschleier zwischen die Insel, die dann gegen Nachmittag ganz außer Sicht kommt. Wir sind wieder allein.

Bei der Abendronde macht uns der I.O. auf die Fehler aufmerksam, die bei unserem Auftreten vorgekommen sind und die wir in New York vermeiden sollen.

Weychardt: Auf der Terrasse des Real Club Nautico ließen wir den Abend mit einem gemütlichen Glas Whiskey-Sour, Pernod und Martini ausklingen. Das Wochenende verging jedoch viel zu schnell. Montag gegen 10.00 Uhr mussten wir Abschied nehmen. Unter Motor liefen wir aus dem Hafen von Santa Cruz aus.

Über den „Großen Teich"
10. April bis 6. Mai 1962

Dienstag, 10.4.62

Der Alltag hat uns wieder. Der Vormittag vergeht mit dem Anschlagen von Gegenständen und Unterricht über „Tauwerk und seine Behandlung". Nachmittags beginnen wir mit dem Wechseln der Segel. Unser Topp kommt zuerst dran. Zuerst werden die Royal und Bram abgeschlagen und die Sonnensegel angenäht, dann die Groß. Die Sache macht Spaß und wir „hängen uns rein".

Mittwoch, 11.4.62

Die Unter- und Obermars, die wir gestern nicht mehr geschafft haben, werden heute gewechselt. Hinterher ist Unterricht über Lichterführung, Flaggenwinken, Betonnung und Befeuerung. Die letzte Stunde fährt der Stabsarzt mit seinem Vortrag über die Anatomie des menschlichen Körpers fort.

Eine sehr große Freude bereitet uns heute der Kommandant damit, dass er uns eröffnet: Auf Wache kann künftighin geschlafen werden. Die Schlafpersenning wird von Stb.II.-Wache gleich eingeweiht und für gut befunden.

Weychardt: Familien- oder Dienstreise. Mittwoch, 11. April 1962. An diesem Tag erreichten wir die Passatzone. Da wir von nun an tagelang unter gleichem Bug segeln würden, wurde uns gestattet, während der Segelwache in einem „Schlafsegel" an Deck zu schlafen. Doch bereits am Sonntag erwartete mich die nächste Überraschung. Während meiner Abendwache wurde ich in das Kartenhaus gerufen. Mir wurde ein Schriftstück in die Hand gedrückt. Onkel Ed hatte aus dem fernen Indianapolis ein Telegramm geschickt: ich möge doch um Urlaub nach Indianapolis bitten, um ihn und meine Vettern zu besuchen. Gedanken der Hoffnung, aber auch des Unmuts und der Hoffnungslosigkeit stritten in mir. Würde ich die Erlaubnis bekommen? Jetzt liege ich hier im Finkennetz und meine Gedanken holen mich wieder ein. Darf ich nach Indianapolis fliegen? Wo soll ich das Geld hernehmen? Ich nutzte meine Chance und ging zu meinem Divisionsoffizier, Kaleu von Stackelberg. Seine Antwort auf meine Frage ist wie ein Schlag vor den Kopf. „Der I. Offizier ist strikt gegen solche Art von Besuchen, auch wenn sie von kurzer Dauer sein würden." Solch eine Dienstreise wie die unsere, sei keine Familienreise.

Wie wird es weiter gehen? Wird der Kadett Otto-Heinrich Weychardt seinen Urlaub in Amerika bekommen? Was erwartet ihn und die anderen Kameraden auf dem Weg nach New York?

Donnerstag, 12.4.62

Der Zeugdienst für unsere Wachhälfte beginnt mit einer Spindmusterung … Der Erfolg ist ein neuer Spindstauplan, der in den kommenden Tagen herauskommen soll.

Nachmittags üben wir Winkern und Signalflaggen, was uns allen bedeutend lieber ist als das Morsen. In der letzten Nachmittagsstunde weckt OLt Herpich mit seinem Unterricht über „Die Einteilung der Erde" alte Erinnerungen an die sphärische Trigonometrie in der 7. Klasse.

Abends ist Film: „Ein Tag wie jeder andere". Ich schaue ihn mir nicht an, denn ich habe Mittelwache. Der Film ist jedoch kaum zu Ende, als ich wieder aus der Hängematte heraus muss. Der Wind hat fast völlig nachgelassen und wir bergen deshalb die Segel mit einem Alle-Mann-Manöver. Damit haben wir für die ganze Nacht Ruhe.

Frische Brise*: <u>Später dichtet einer</u>*

> *Fern der Heimat, weit im Süden*
> *unsre Bark, sie zieht dahin;*
> *mit dem Wind sind wir zufrieden,*
> *er trägt uns zum Westen hin.*
>
> *Santa Cruz de Tenerife !*
> *Abschied nahmen wir von dort.*
> *Unsre Bark und andre Schiffe,*
> *alle mussten wieder fort.*
>
> *Jetzt sind wir vom Meer umgeben*
> *mitten auf dem Ozean,*
> *um das Gleiche zu erleben,*
> *was COLUMBUS schon getan!*
>
> *Unsre Bark, „Gorch Fock" mit Namen*
> *segelt nach Amerika;*
> *viele vor uns schon hinkamen:*
> *d i e s e s Jahr sind wir mal da!* (Westphal)

Freitag, 13.4.62

Um 09.15 Uhr setzen wir die Segel wieder. Nach der Musterung üben wir Winkern, das ich jetzt schon einigermaßen flüssig beherrsche. Anschließend kommt der Bordmeteorologe zu uns ins Wohndeck, um uns in die Geheimnisse der Meteorologie einzuweisen. Dazu greift er zuerst auf die Geographie und Ozeanographie zurück. Wir erfahren etwas über den Aufbau und die Struktur des Meeresbodens. Dem höchsten Gebirge auf der Erde, dem Atlantischen Rücken und seine Ausläufer und die damit zusammenhängenden Meeresströmungen. Der Erdrotation und deren Einwirken auf die Winde. Nach dem Mittagessen findet sich der Chor unter der bewährten Leitung von Kaleu von Stackelberg auf dem Deck zusammen. Aber unser Singen wird jäh durch ein Bojenmanöver unterbrochen.

Vorher hat uns unser Divisionsoffizier in einige nautische Bücher eingeweiht, die für den Seeoffizier von Bedeutung sind.

Samstag, 14.4.62
Bis 11.30 Uhr dauert das Großreinschiff, Daran schließt sich zur Feier des Tages eine Musterung in weißem Paradezeug an.

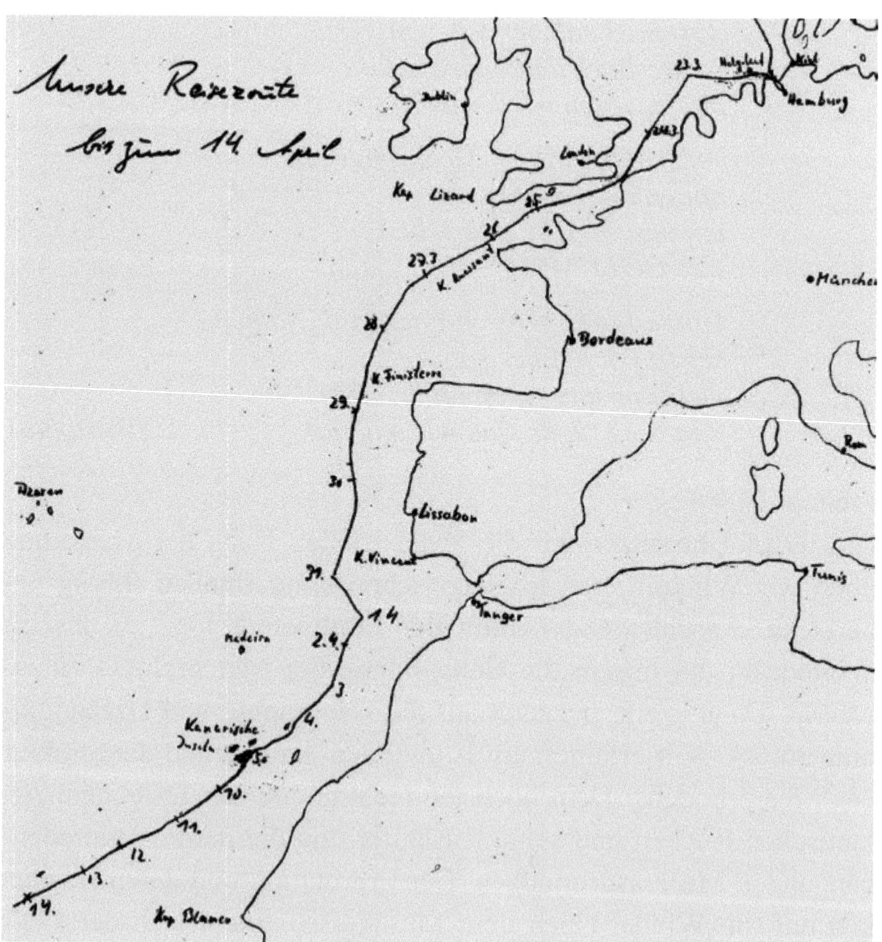

Nachmittags ist großes Wäschewaschen. Mit Schrubbern und P 3 geht's dem weißen Arbeitszeug auf den Leib. Die Seewasserdusche und drei Tropfen Süßwasser werden zur Selbstreinigung freigegeben. *(Sichtvermerk: Divide et impera!)*
Abends während der Wache bin ich Läufer Deck. Dann ist für uns Bauernnacht.

Sonntag, 15.4.62
Palmsonntag! Aber davon merkt man hier an Bord nicht viel. Von 08.00 bis 12.30 Uhr haben wir Wache. Nachmittags habe ich zum ersten Mal etwas Zeit für mich und ich komme etwas zum Lesen … nach langer, langer Zeit wieder einmal in andere Regionen abschweifen.
Abends heißt es dann plötzlich: „Besanschot an!" Wir haben ein Etmal von 206 sm erreicht. Daraufhin gibt der Kommandant ein Glas Rum pro Mann aus! Hinterher ist Kino.

Montag, 16.4.62
Über den Aufbau und einen kurzen Überblick über die Geschichte des Kompasses, insbesondere den Magnetkompass, erfahren wir vormittags einiges vom Korporal. Und über die Aufgaben eines Bordmeteorologen einiges von Dr. Hartung.
Nachmittags arbeiten wir bereits für Amerika. Wir arbeiten an einer „Löwenherstellung" en masse. *[Eine aus Tauwerk geknotete Figur, ähnlich einem Löwen. Geschenk.]* Der Amerikaner sagt dazu „Publicity". Außerdem haben wir heute einen neuen Gorch Fock-Rekord aufgestellt, ein Etmal von 237,8 Seemeilen – aber es gab keine Besanschot an, obwohl wir alle darauf warteten.

Weychardt: 020° 09'N / 35° 52'W Es ist Montag, der 16. April 1962. Tagelang segeln wir jetzt schon im Passatwind. Das war das erste Mal für uns und die GORCH FOCK. Blasses Licht durchflutet den Himmel. Hinter den schwarzen Flächen der Segel steht der

*Mond. Unser Schiff erreicht an diesem Tag eine Rekordmarke: ein
Etmal (Seemeilen pro Tag) von 238 Meilen.*

Dienstag, 17.4.62

Die Launenhaftigkeit des April lässt auch in diesen Breiten nicht
auf sich warten. Zwischendurh auftretende Nieselregen korrigieren
meine Vorstellung von dem ewigblauen Himmel in der Gegend
des 20. Breitengrades. Diesen Vormittag kommt es endlich zu der
lang erwarteten Aussprache mit unserem Divisionsoffizier. Lasset
uns den Übermenschen schaffen. Nietzsches Philosophie, einmal
in die Wehrmacht – oder besser in das Gedankengut der Wehrmacht eingedrungen – lässt es sich daraus nicht mehr so schnell
verbannen. Das klingt auch bei dieser Ansprache durch.
Der Passatwind weht weiterhin sehr günstig für uns und so schaffen wir auch heute wieder ein Etmal von 228 Seemeilen.
*(Sichtvermerk: Was Ihnen heute noch als „Übermensch" er-
scheint, wird Ihnen in wenigen Jahren zur Selbstverständlichkeit
werden. Sie sollten sich bemühen, sich nicht nur vom Drängen und
Trachten nach Urteilen allgemeiner oder persönlicher Art leiten
zu lassen. – Wo bleiben Skizzen? Achten Sie auf Interpunktion!
He 18/4)*

Mittwoch, 18.04.62

Vormittags erfahren wir einiges über die verschiedenen Arten der
Geschwindigkeitsmessung auf See unter dem Thema Logg. Es gibt
vier Möglichkeiten: das Handlogg, wovon übrigens der Begriff
Knoten im Sinne Geschwindigkeit herkommt, das Patentlogg und
der Staudruckmesser. Danach erläutert uns unser „Wetterfrosch"
über die Bewegungen und Strömungen der Luftmassen, die Ent-
stehung der Winde durch Hochs und Tiefs. Ferner erfahren wir
etwas über die Möglichkeiten, die Windstärken zu messen, angefangen von der Beaufortskala bis zum Anemometer. Und in indi-
rektem Zusammenhang damit vom Barometer, bzw. Barograph.

Der Nachmittagsdienst spricht wieder mehr unsere von den Y-Chromosomen herkommenden Anlagen an: wir üben Segelnähen mit der einfachen und doppelten Bootsmannsnaht, der Kreuznaht und der Rundnaht.

Hinterher ist Zeugdienst. Als ich dabei die zum Trocknen aufgehängte Unterwäsche betrachte, stellte ich fest, dass sich an Bord der vornehme graue Ton immer mehr durchsetzt.

Frische Brise: Dann kamen die langen Tage und Nächte im Passat. Es kam der Turmfalk und schlug den Finken. Es kam La Paloma, die weißgraublaugrüne Taube, und gab ihre Gastrolle, fraß uns die Erbsen und Reiskörner vom Deck und hinterließ jeweils ihre Visitenkarte. Es kam der Hai, der kein Hai war – und immer wieder kamen die Fliegenden Fische, diese tragischen Gestalten warmer Meere, denen seeunkundige Landratten ihre Existenz leugnen wollen und sie für Ausgeburten von Seemannsgarn halten ...

Donnerstag, 19.4.62

Gründonnerstag ! Hier an Bord ein Tag wie jeder andere. Zu Hause hatte ich Eier färben müssen. Müssen ist nicht ganz richtig, denn ich tat es gern. Die leuchtenden Augen meiner kleinen Neffen dankten es mir am Ostersonntag, wenn sie ihr Osternest gefunden hatten, vielfach. Ich werde das heuer vermissen.

Aber dafür hatten wir heute auch an Bord ein besonderes Erlebnis. Zu Beginn der Mittagspause stehen plötzlich alle an Oberdeck befindlichen Kameraden auf der Nagelbank: „Ein Hai !" ging es von Mann zu Mann. Es ist ein sehr großes Tier, das unser Schiff umkreist. Mit graubraunem Rücken und seinem zeitweise sichtbaren weißen Bauch zieht er alle Aufmerksamkeit auf sich. Manchmak bricht er kurz durch die Oberfläche – und daran erkennen wir, dass es kein Hai ist, denn seine Schwanzflosse ist waagrecht. Aber sie steht senkrecht zum Körper; außerdem bläst er. Der Smadding und wir alle sind enttäuscht. Er, weil er seine Haiangel umsonst ausgebracht hat und 1 kg Fleisch geopfert hat und wir, weil wir um ein Schauspiel gekommen sind. Aber trotzdem war es eine willkommene Abwechslung.

Weychardt: Von der Korporalschaft im Stich gelassen, plagte ich mich mit der Logleine herum. Die Leine diente dem Messen der Geschwindigkeit und war im Abstand von sieben Metern mit Knoten versehen. Durch das Zählen der Knoten konnte somit die gefahrene Geschwindigkeit in Seemeilen pro Stunde errechnet werden. In der Mittagszeit gab es plötzlich lautes Geschrei an Deck: „Hai an Steuerbord". Es war ein imposanter Anblick und ich schätzte seine Länge auf ungefähr vier Meter. Mit der energiegeladenen Stetigkeit eines Torpedos bewegte er sich, wie ein weißer Schatten durch das Wasser. Auf der Flucht vor dem Raubfisch flogen Schwärme kleiner Fliegender Fische von Wellenkamm zu Wellenkamm. Achtern warfen wir eine Haiangel aus, um den Koloss zu fangen, aber den Gefallen tat er uns nicht.

Freitag, 20.4.62
Diesen Karfreitag erleben wir auf dem Atlantik in brütender Hitze. Aber wir feiern ihn trotzdem in der ihm zukommenden Feierlichkeit und Stille. Gedanken an den Tod des Erlösers spricht unser Stabsarzt Dr. Naumann zu uns in einer kurzen Andacht, die diesem Tag durchaus gerecht wird. Und die auch diejenigen ohne Kritik hinnehmen, die sonst Kirchen nur von außen kennen.
„And he said unto Jesus, Lord, remember me when thou comest into the kingdom" *(Lucas 23:42).*

Weychardt: Am 20.04.1962 war Karfreitag. Einen Monat lang waren wir jetzt auf See. Stabsarzt Dr. Naumann hielt eine kurze Andacht an Oberdeck. Ein Tag, so recht dazu geeignet, sich an die Lieben daheim zu erinnern, in dem Bewusstsein, dass auch diese an uns denken.

Doch die besinnliche nachmittägliche Stimmung wurde durch einen lauten Knall gestört. Mit einer großen Stichflamme und einem Regen feiner Glassplitter explodierte eine Lampe direkt über unseren Köpfen. Damit war die besinnliche Stimmung erstmal verflogen.

Samstag, 21.4.62

Der Karsamstag ähnelt auf den ersten Blick wieder dem gewöhnlichen Samstag. Aber bei näherem Hinsehen fällt einem auf, dass mancher „rauhe Seelord" sich nicht wie sonst in seinen Schmöker vertieft, sondern ein etwas nachdenklicheres Gesicht macht und seine Gedanken in die Ferne schweifen, dorthin, wo seine Lieben sind. – Um den Tagesablauf ein wenig aufzulockern, sehen wir abends einen Film über das Leben im amerikanischen Westen.

Sonntag, 22.4.62

Ostersonntag ! Der Kommandant bringt uns in kurzen Worten die Osterbotschaft nahe und seine Wünsche zu diesem Fest. Auch der Osterhase hat uns hier, mitten auf dem Atlantik nicht vergessen. Er ist zu uns an Bord gekommen und hat einem jeden von uns ein mit Pralinen gefülltes Ei gebracht.

Zuhause in Deutschland bangen die Menschen vielleicht um schönes Osterwetter und wir haben schon seit langem Tag für Tag herrlichsten Sonnenschein. Und der stetig wehende Passat treibt unser majestätisch dahingleitendes Schiff durch die sagenhaft blauen Fluten des Atlantiks, wo wir jetzt ungefähr auf der Höhe von französisch Guyana etwa 500 sm von den Windwärts-Inseln entfernt sind – am Südrand der Saragossa-See. Nachts taucht der Mond uns in sein sanftes, silbriges Licht und ein machtvoller Sternenhimmel wölbt sich über uns. Das vielbesungene und gerühmte „Kreuz des Südens", das ich allerdings als gar nicht so prächtig empfinde, zieht jeden Abend die Blicke vieler an sich.

Weychardt: Meine „Familie"

Das Osterwochenende zog sich in die Länge. Vor allem der Oster-

sonntag. Ich erinnerte mich an die steigende Sonne, die die kühle Luft zu Hause ein bisschen anwärmen würde, an die frisch duftende Erde unter den tauglitzernden Gräsern. Zu Hause würde ich mit meiner Familie in die Kirche gehen. Festlich gekleidet und feierlich gestimmt das Osterfest feiern. Aber meine neue Familie feierte auch Ostern. Der Kommandant, Kapitän zur See Ehrhardt, sprach zu uns in tief bewegenden Worten und ließ einen riesengroßen Osterhasen unter der Schiffsglocke aufstellen. Für jeden von uns hielt er ein buntes Schokoladenei bereit. Am Abend durften wir einen Film sehen. Die zarte Gestalt und das feine Gesicht der Audrey Hepburn erinnerten mich an meine Freundin, die so weit weg war. Allein hockte ich auf dem Wegweiser des Backbordwants und ließ meine vielen Gedanken und Gefühle schweifen: Wie wird wohl sie diesen herrlichen Tag verbracht haben?

Montag, 23.4.62

Heute, am Ostermontag, belebt sich für kurze Zeit der für uns so lange leer gebliebene Horizont. Steuerbord querab kommt ein Fahrzeug auf. Als es erkennt, dass wir ein Segelschiff sind, nimmt es Kurs auf uns und entpuppt sich beim Näherkommen als ganz neues französisches Combischiff „Mississippi" aus Le Havre, mit ca. 6.500 BRT. Der Franzose dreht eine Ehrenrunde um uns und tauscht mit der Morselampe und Signalflaggen Grüße mit uns aus. Die „Mississippi" ist noch nicht am Horizont verschwunden, als sich das gleiche Schauspiel noch einmal wiederholt. Diesmal ist es ein deutscher Bananendampfer, die „Horncap" aus Hamburg mit ca. 2.500 BRT. Wir freuen uns alle sehr über die Abwechslung, nur der Smadding scheint die Freude nicht ganz zu teilen, denn fast alle hängen an der Reling und nur ganz wenige sind auf Reinschiffstation.

Bis zum Backen und Banken bietet sich dann an Oberdeck ein Bild, das jeder, der schon in Italien gewesen ist, kennt. Über das ganze Deck ist Wäsche auf dem Deck ausgebreitet und jeder be-

müht sich, seine Wäsche so gut wie es geht sauber zu bringen.
Aber die Methoden, die dabei angewendet werden, hätten sicher
das Missfallen mancher Mutter erregt.
Am Nachmittag hätte der Anblick unseres Schiffes bestimmt den
Neid eines jeden, auch der Nichtsoldaten hervorgerufen. Die Lords
liegen alle an Deck und lassen sich die Sonne auf den Pelz bren-
nen. Andere, denen es in der Sonne zu heiß ist, sitzen unter der
Seewasserdusche und knobeln. Ganz Übermütige bekommen Box-
handschuhe und können sich so – unter anfeuernden Zurufen der
Umstehenden den Eifer abreagieren. Suum cuique !

*Weychardt: Der Montag war gekommen. Der Tag begann mit dem
Ruf „Schiff von Steuerbord!". Ein französischer und ein deutscher
Dampfer mit Kurs nach Venezuela umkreisten uns. Zum Gruß fierten
wir die Großroyal ein, das oberste Segel unseres Schiffes. Meine
Freizeit verbrachte ich nun mit Lesen. Ein Buch von Henry Miller
(Der Teufel im Paradies), das ich mir an der Schleuse von Brunsbüt-
tel gekauft hatte, ließ mich nicht mehr los.*

*Frische Brise: Es kam die Osterwoche und der Osterhase an Bord
mit vielen bunten Eiern. Und weiter ging's im Passat nach Westen.
Und wieder fasste einer seine Eindrücke in Reime:*

> *„Segeln ist ein Herrensport!"*
> *ist des I.O. Lieblingswort,*
> *wenn er zur Abendronde spricht.*
> *(Das Herz der Gang erschüttert's nicht!)*
>
> *Das Schiff ist herrlich, und der Hund,*
> *der über unsern Häuptern turnt.*
> *Der eine lacht, der andre murrt,*
> *vom Stamm der Klügste, „Whisky", knurrt.*
>
> *Man fühlt sich auf den Schlips getreten -*
> *Nun ist's genug! „Zurückgetreten!"*

Der Läufer ruft: „Wahrschau – Ronde!"
Jetzt ist des I.O. Lieblingsstonde ...

Indessen wir aus Freud am Klange
gemessen schreiten zum Gesange.
Ein kühner Mann tritt nun hervor,
zu führ'n den Haufen, sprich: den Chor!

Jetzt hebt er an, der WO lauscht,
wie es aus goldnen Kehlen rauscht.
Man singt von Heimat, Sehnsucht, Lust -
ein seltsam Rühren in der Brust!

Fast man den Tränen nahe ist,
fast Schiff und Maate man vergisst.
Doch in die rauhe Wirklichkeit
ruft dann der Maate Herrlichkeit.

„Kam'raden, filzt mit bloß nicht ein!"
hört man sie – selten hochdeustch ! – schrein,
denn auch mit rührlichem Gesang
macht man manch Maatenohren bang.

Ist dann der letzte Ton verklungen,
der sich aus Männerkehl gerungen,
gibt der WO zum Filz sein Amen,
der Wache auch, den armen Armen!   *(Opitz)*

Dienstag, 24.4.62

Das herrliche Wetter der letzten Wochen scheint endgültig vorbei zu sein. Gestern Abend haben wir noch die Segel festgemacht und den Jockel angeworfen.

Nach dem Vormittagsdienst, bei dem der Bordmeteorologe bei uns Unterricht gehalten hat, werden die Segel wieder gesetzt. Außerdem war unmittelbar nach dem Reinschiff ein Bojenmanöver, mit dem aber der Kommandant nicht ganz zufrieden war. OLt. Herpich hat uns deshalb in dieser Beziehung noch einmal ins Gebet genommen. In seinem Unterricht erzählte er uns diesesmal über Seekarten. Diese müssen im Gegensatz zu den Landkarten außer Winkeltreue auch Flächentreue aufweisen und ein Kurs muss auf der Karte eine gerade Linie sein.

Der Nachmittag verging mit Drahtspleißen und hinterher Erste-Hilfe-Unterricht beim Sani.

Weychardt: Die 5.000-Seemeilen-Marke brachten wir am Dienstag hinter uns. Meilen um Meilen trennten uns nun von zu Hause. Aber wir versuchten positiv zu denken. Es waren nämlich nur noch 1.000 Meilen bis New York. Doch das Wetter machte unsere gute Laune zunichte. Trübe, regnerische Tage erwarteten uns. Bis zu meinem Geburtstag [am 29.April].

Mittwoch, 25.4.62

Der Wind hat zugenommen und wir kommen gut voran. Zuerst will der I.O. das Paradieren im Want mit uns üben, aber da verschiedene keine Sturmbänder an der Mütze haben, verschiebt er sein Vorhaben. Unser Korporal macht mit uns Tauspleiß, Gebrauchs- und Zierknoten.

Zum fünften Mal wird heute auf unserer Reise die Uhr zurückgestellt und zum vierten Mal während unserer Wache. Das bedeutet für uns, eine halbe Stunde länger auf das Abendessen warten.

Donnerstag, 26.4.62

Das unfreundliche Wetter hält immer noch an und auch der Bordmeteorologe kann uns kein Ende vorhersagen. Ansonsten erzählt er uns über die für den Seemann so wichtige Sicht und ihre Beeinträchtigung durch Feuchtigkeit. Damit kommt er auf Nebel- und Wolkenbilder zu sprechen, die für die Wetterprognose von großer Bedeutung sind.

OLt. Herpich kommt mit seinem heutigen Vortrag auf Navigation zu sprechen. Die von der örtlichen Distanz der beiden Pole, des magnetischen und geographischen Nordpols, herrührende Missweisung und Deviation, und wie man diese beiden Faktoren berücksichtigen muss, um zu einem richtigen Kurs zu kommen.

Freitag, 27.4.62
Heute Vormittag wurden wir getestet, was wir bisher beim Winkern gelernt haben. Mit meinem Ergebnis darf ich noch nicht zufrieden sein! Im Anschluss daran üben wir an Hand eines Kartenspieles die Natoflaggen durch. Dabei bekommen wir Besuch aus der Luft: Ein zweimotoriges Wasserflugzeug der US Coast Guard überfliegt uns ein paarmal in geringer Höhe, aber trotz der Bemühungen unserer Signäler kommt keine Verbindung zustande.
Den Unterschied und die Eigentümlichkeiten der Seekarten gegenüber Landkarten erläutert uns in den Nachhmittagsstunden OLt. Herpich. Den Unterschied der Maßstäbe in den verschiedenen Breiten auf Grund der Flächentreue. Nach „Anker und Ketten" hält Lt. Teichmann einen interessanten Vortrag über die Kriegführung der USA im Pazifik; und die revolutionierende Kriegführung durch Einsetzen der Flugzeugträger auf beiden Seiten. Er beginnt mit Pearl Harbor, dem Überraschungsangriff der Japaner am 7.12.41, dem Vordringen der Söhne Nippons bis Singapur und Indonesien. Mit Midway beginnt der Siegeszug der USA auf Grund der materiellen Überlegenheit und dem besonderen Glück der Amerikaner bei dieser Schlacht können sie mit ihrem Inselspringen beginnen. Auch die Superschlachtschiffe „Yamato" und „Musashi" vermögen nichts gegen die beiden Atombomben, die die Amis am 6. und 9. August über Hiroshima und Nagasaki werfen. Am 2. September unterzeichnen die Japaner an Bord des US-Schlachtschiffes „Missouri" die Kapitulation.

Samstag, 28.4.62
Wieder ist eine Woche vergangen und wieder konnte ich unzählige neue überraschende Eindrücke erleben. Man braucht nur an der Reling zu stehen und das Meer beobachten. Tagsüber die unwahr-

scheinlich blaue See, die heute so glatt ist wie ein Teich oder Fluss in heimatlichen Gefilden. Quallen, die ebenfalls ihre Segel gesetzt haben, schwimmen vorbei. Ein breites silbernes Band, das vom Horizont auf unser Schiff zu verläuft. An einem kleinen Wasserstrahl, der wie die Fontäne eines kleinen Brunnens aussieht, erkennt der Beschauer einen Wal, der sich im Wasser tummelt. Hunderte dieser Impressionen kann man sammeln, erleben, wenn man mit offenen Augen beobachtet.

Abends, wenn sich die Sonne neigt und langsam tiefer sinkt und man vorne am Bug steht, entdeckt man wieder neue Wunder. Wolkenbilder in so zarten und delikaten Farben, gegen die die Bilder unserer großen Maler nur wie eine mittelmäßige Kopie wirken. Der Bugspriet spiegelt wie ein Mosaik in den Wellentälern. Eichendorff würde darüber viele schöne Gedichte schreiben, was ich nur in ärmlichen Worten wiedergebe.

Sonntag, 29.4.62

Die ruhige See bietet sich geradezu zu einem Bojenmanöver an – und wir haben unseren Frühsport. Ansonsten bietet unser Dampfer das Bild eines Seebäderschiffes. Jeder Quadratzentimeter ist von Sonnenhungrigen besetzt. Nur müsste man ab und zu einmal in die blaue Flut springen dürfen, die jeden Tag von Neuem lockt.

*Weychardt: **Ostern auf hoher See**. 33°04′N / 70°03′W. Es ist Sonntag der 29.04.1962. Mein erster Geburtstag in See. Der Einundzwanzigste. Es ist null Uhr, Mittelwache. Ich bin Rudergänger. Die See ist ruhig, der Wind stetig. Die Ruhe kann ich nutzen, um an zu Hause zu denken. Der Tag füllt sich mit viel Sonne und jedes Fleckchen wird von meinen sonnenhungrigen Kameraden ausgefüllt. Die letzten vier Wochen gehen mir durch den Kopf.*

Zum Abschluss dieses feierlichen Tages spendierte ich meiner Korporalschaft mit Erlaubnis des I.O. (Erster Offizier) einen guten deutschen Weinbrand. Nach der Abendronde saßen wir mit unserem Kor-

Montag, 30.4.62

Heute geht's den ganzen Tag rund: „Wenden!", „Boje über Bord!", „Halsen!", „Boje über Bord!", „Alle Segel bergen!". Das üben wir den ganzen Tag und kommen auf sechs Bojenmanöver. Als wir nachmittags um 16.00 Uhr mit dem Dienst ausscheiden, sind wir zwar alle etwas müde, aber es hat auch Spaß gemacht. Abends sehen wir einen Film über den Staat und die Stadt New York.

Dienstag, 1. Mai 62

„Der Mai ist gekommen". Mit diesem Lied werden wir heute morgen geweckt. Und der Mai zeigt sich von seiner besten Seite. Es ist strahlender Sonnenschein und spiegelglatte See. Gemäß dem Sinn des „Tages der Arbeit" verbringen wir den Tag mit absolutem Nichtstun und aalen uns nur den ganzen Tag in der Sonne.

Mittwoch, 2.5.62

Wir nähern uns langsam New York und die Geschäftigkeit an Bord nimmt zu. Als Außenbordsreiniger setze ich mich auf eine Stelling, hänge meine Beine ins Wasser und wasche Farbe. Anschließend erzählt uns Kaleu von Stackelberg etwas über Sitten und Bräuche der Amerikaner und ihr saloppes Auftreten. Anker und Ketten, und Natoflaggen besprechen wir nachmittags mit unserem Korporal.

Donnerstag, 3.5.62

Über Nacht hat es stark abgekühlt und alle zittern im Sportzeug, das wir aber sofort nach dem Reinschiff gegen wärmere Kleidung tauschen. Abends bergen wir die Segel und fahren mit dem Jockel weiter. Mit einbrechender Dunkelheit kommt Nebel auf und es wird „Kriegsmarschzustand" befohlen. Das bedeutet „Panzerblen-

den dicht!" und vor jedem Schott müssen Schottposten aufziehen.
Aber für uns bedeutet das „Bauernnacht!"

Freitag, 4.5.62

Nach dem Heraustreten am Vormittag spähen zig Augenpaare
nach dem Horizont, aber die vermeintliche Küste ist nur eine
Dunstwolke. Als wir wieder auf der Stellage sitzen und pönen,
bekommen wir den ersten Besuch. Flugzeuge der Coast Guard
sausen im Tiefflug über unser Schiff hinweg. Und dann taucht
plötzlich aus dem Dunst Land auf: Amerika, das Land der unzähli-
gen Möglichkeiten. Die ersten Seezeichen kommen in Sicht.

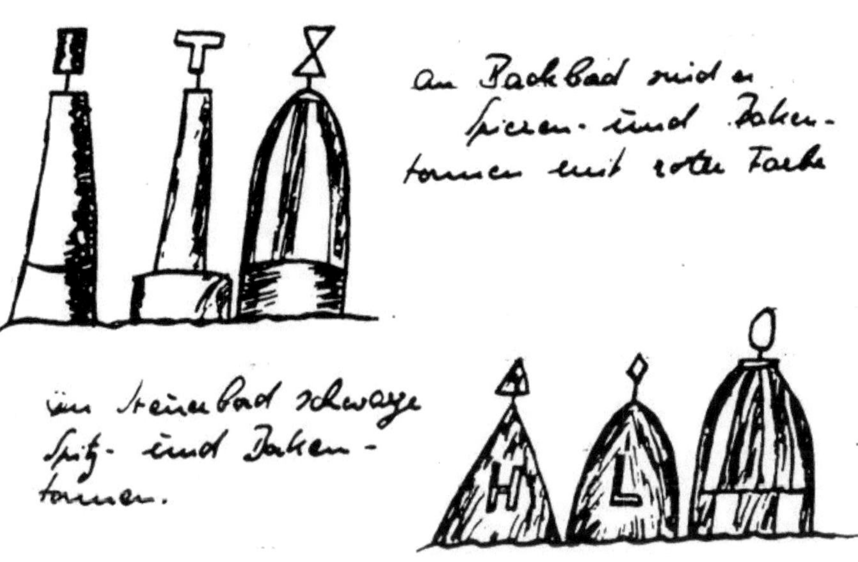

Wir stoßen auf regen Schiffsverkehr: Frachter, Tanker, Passagier-
dampfer. Das Wasser ist nicht mehr blau sondern grün und wird
immer schmutziger, je näher wir dem Hafen kommen. Mittags und
Nachmittags kreuzen wir hart am Wind, um an das Feuerschiff
„Ambrose" heranzukommen.

Dann kommt der Lotse an Bord, der Pilot. wie er hier heißt. Die Skyscraper, die zuerst eine Streichholzgröße besitzen, wachsen langsam zu enormer Größe. Aber alle werden von dem Empire State Building überragt, das auch die ganze Silhouette beherrscht. Singvögel kommen an Bord und verkünden mit ihrem lustigen Pfeifen, dass wir nun mit Umwegen nämlich vom Winter über den Sommer den Frühling erreicht haben. Soweit wir die Küste überblicken können, von unserem Ankerplatz „Gravesend" aus, sehen wir nun New York, das der breite Hudson Bay in zwei Hälften teilt. Rechts das heimisch anmutende Coney Island mit vielen grünen Bäumen. In der Mitte das bizarre Bild der Wolkenkratzer, der Hafen und links wieder ein normales Stadtbild. Rund um uns herrscht reges Treiben. Kleinere und größere Schiffe fahren vorbei. Alle Minuten starten und landen Flugzeuge hinten auf Idlewide *[später Kennedy-Airport]*, und an den Uferstraßen blitzen die Dächer der dahinflitzenden Autos in der Sonne.

Samstag, 5. Mai 62

Überall, wo man heute hinschaut, wird gepönt und überall hängen Schilder, auf denen mit großen Lettern „FAF" geschrieben steht. Der Betrieb auf dem Schiff hat sich dem geschäftigen Treiben dieser Stadt angepasst. Jeder hat einen Pinsel in der Hand und pönt – auch nach dem Mittagessen geht die Arbeit weiter.

Rings um unser Schiff schwirren kleine, zum Teil recht luxuriöse Motorboote mit schaulustigen Amerikanern. Unzählige Bilder

werden von unserem „Dampfer" geschossen. Alle Schiffe, die ein-
und auslaufen, müssen an uns vorbei; sie tragen die Flaggen aller
Nationen. Die meisten dippen ihre Flagge vor uns und grüßen mit
dem Typhon. Auch die „United States" gleitet ganz majestätisch
an uns vorbei. Am freudigsten wird die Nachricht aufgenommen,
dass auf der „Essex" *[dem Flugzeugträger]* unsere Wäsche gewaschen wird. Auf diese Weise kommen wir heute gleich zum Brief-
schreiben.

Sonntag, 6. Mai 62
Den Vormittag über ist noch einmal Großreinschiff. Die letzten
Pinselstriche werden gemacht, und dann mit Anzug Gebetbuch das
Deck geschrubbt.
Bei der I.O.-Musterung werden wir nochmals darauf aufmerksam
gemacht, was und was wir in New York nicht tun sollen.
Nachmittags ist für den Chor Generalprobe für die große Premiere
am Mittwochabend.
Abends nach dem Reinschiff wurde uns das Programm für New
York mitgeteilt. Für mich ist folgendes von Interesse:

Die Skyline von Manhattan

Montag; Wache für unsere Wachhälfte.

Dienstag: 09.30 – 21.30 Besuch bei amerikanischen Familien

Mittwoch: 13.00 – 17.30 Handelsmarine-Akademie;

       20.00 Liederkranz

Donnerstag: 18.00 – 20.00 Empfang im Hotel Waldorf Astoria

Freitag: 08.30 – 17.00 Westpoint

Samstag: 18.00 Cardinal Spellman Club

Sonntag: 09.00 Kirche, anschließend Cardinal Spellman Club.

New York, New York

7. bis 14. Mai 1962

Montag, 7. Mai 62

Die ersten Stunden dieses Tages vergehen wie die an jedem Morgen. Doch mit dem Ankerlichten beginnt das große Erlebnis: Die Weltstadt New York. Die Skyline der Wolkenkratzer Manhattans, die aus der Ferne wie Spielzeug wirkt, wächst mit jedem Yard, mit dem wir ihr näher kommen, und ragt am Schluss – als wir unmittelbar vor ihr liegen „beinahe bis rauf zum Mond". Doch erst kommt der „Pilot", der Lotse, an Bord und wir setzen alle Segel. Schlepper, Feuerlöschboote und Schiffe von der Coast Guard geben uns auf dem Wasser und Hubschrauber in der Luft das Geleit. Es ist ein mächtiges Bild, als wir inmitten unseres Geleits zwischen den Fontänen der Feuerlöschboote und der grüßenden Freiheitsstatue den East River hinaufsegeln. Alle Schiffe und Boote, die wir passieren, grüßen: es ist beinahe wie ein Traum. Erst als wir dicht vor der 86. Pier – unserer Anlegestelle – sind, geien wir die Segel auf – unmittelbar vor den Augen der staunenden Amerikaner, die uns erwarten.

Wir drehen noch eine Kurve, um besser an die Pier heranzukommen und legen dann mit Schlepperhilfe an. Noch größer werden die Augen der Amerikaner, als wir anschließend aufentern und die Segel festmachen. Der deutsche Marineattaché und Offiziere der „Essex", die uns mit einem Willkommensband begrüßen, eröffnen

den offiziellen Reigen. Weitere Besucher – alles Leute mit Rang und Namen, folgen. Wir freuen uns alle sehr, als wir erfahren, dass wir jeden Tag von 11.30 – 02.00 nachts Urlaub bekommen. Doch wir müssen erst einmal einen Tag Wache schieben.

Die „Statue of Liberty" - von Friedrich Bertholdi entworfen – ist ein Geschenk der freiheitsliebenden Franzosen 1884 an die Amerikaner.

Frische Brise: Die Küste der Neuen Welt liegt voraus! Schmal und fein als dünner Saum an der Kimm. Feuerschiff AMBROSE, Flugzeuge der Coast Guard. Der Lotse an Bord. Vor Anker in der Gravesend Bay. Und letzte Vorbereitungen zum großen Auftritt. Einlaufen in New York um Sonntag, 7. Mai! Unter vollen Segeln den Hudson River hinan. Skyline Manhattan. Freiheitsstatue an Backbordseite! Hubschrauber dröhnen über uns, um uns herum Schlepper, Feuerlöschboote. Ein paar Damen an Bord (Wahrschau, Pfennigabsätze, Seidenstrümpfe!). Und dann New York City. ESSEX WELCOMES GORCH FOCK. Pier 86.

__Meyer:__ Montag, 7.5.62

Kaum hatten wir angelegt, als neue Reporter das Schiff enterten. Mit einem Kameraden und unserem Hauptgefreiten „Whisky" wurde ich für das amerikanische Fernsehen interviewt.

Heute hatte unsere Wachhälfte Hafenwache. Ich hatte jedoch das große Glück, trotzdem schon heute an Land zu kommen. Mit zwei Kameraden zur „Fernseh-Interview-Gruppe" abgeteilt, hatte ich die Gelegenheit, in einem Fernsehbericht für das deutsche Fernsehen mitzuwirken. Nachmittags kam der durch die „Aktuelle Schaubude" im Norddeutschen Fernsehen bekannte Werner Baekker an Bord, um Filmaufnahmen zu drehen. [...]

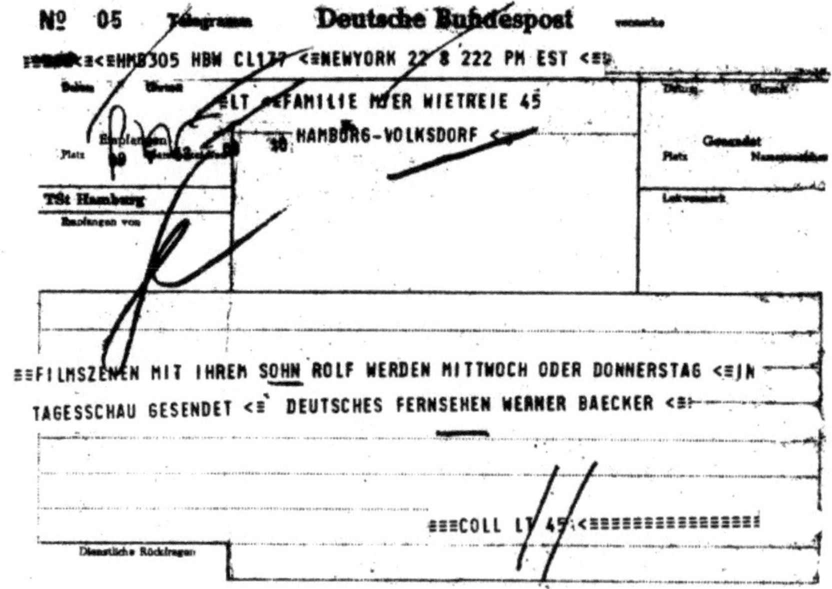

Ich bekam aber auch eine leichte Ahnung von der langweiligen und ermüdenden Arbeit der Film- und TV-Stars. Wir erlebten alles doppelt und dreifach, nicht weil wir etwa betrunken waren, sondern weil wir fast jeden Schnitt für die Kamera wiederholen mussten. Gar nicht so einfach, dabei seine natürlichen und unge-

zwungenen Bewegungen beizubehalten. Die Stimmung war aber gut und stieg mit fortschreitenden Abendstunden, sodass gewiss nette Szenen für die Reportage dabei entstanden. Entgegen der Telegrammankündigung wurde nach der Spätausgabe der Tagesschau ein gesonderter Filmbericht gesendet.

Dienstag, 8. Mai 62

Dies ist unser erster Tag, an dem wir an Land können. Auf dem Programm steht: „Einladung von 90 Mann durch deutsch-amerikanische Familien." Zwei Busse erwarten uns um 09.00 Uhr auf der Pier. Durch Straßenschluchten und das Lincolntunnel aus Manhattan heraus, durch weite Industriegebiete an der Stadtgrenze, Highways an Flugplätzen vorbei, kommen wir auf einmal aus dem schmutziggrauen Stadt- und Industriegelände (es regnet) in eine Park- und Gartenlandschaft. Wunderbare Häuser und Häuschen inmitten von dem satten Grün der Bäume und Rasen, verziert mit bunten Blumen, entpuppen sich als das malerische Städtchen Plainfield, wo wir in der City Hall von einer großen Menschenmenge erwartet werden.

Die anfangs etwas komische Situation – wir kommen uns vor wie auf einem Markt, auf dem wir gemustert und feilgeboten werden, löst der Town Mayor mit einer kurzen Begrüßung. Dann beginnt der „Verkauf" und wir gehen weg wie die warmen Semmeln. Mein Gastgeber hat sich ein gutgehendes Delikatessengeschäft als Existenzgrundlage geschaffen. Das Schmuckstück der Familie ist eine 19jährige Tochter. Trotzdem uns das Wetter einen Strich durch die Rechnung macht, verleben wir doch einen sehr netten Tag.

With all 23 sails set and full colors flying, a 300-foot German sailing ship made port here yesterday to a rousing harbor salute.

She was the West German Navy's three-masted training bark Gorch Fock, the first naval vessel of that country to come here since 1936.

The ship arrived at Gravesend, Brooklyn, ahead of schedule last Friday after her first trans-Atlantic crossing. Escorted by fireboats, helicopters and tugs, she made a graceful spectacle as she sailed upriver yesterday to her new berth at Pier 86, in the Hudson River at 46th St.

The vessel's docking was a rare sight. In a daring nautical maneuver, Capt. Wolfgang Ehrhardt expertly waited until the last possible second before ordering the 200 men stationed in the rigging to drop sail. As 2,000 square yards of canvas came thundering down in the morning breeze, Capt. Ehrhardt steered the last few yards under auxiliary diesel power.

The Gorch Fock, with a complement of 45 midshipmen and 135 student petty officers, left Kiel, Germany, March 20 for her official seven-day visit to the United States. The ship made two-thirds of the 6,000-mile trip under canvas, making a 26-day passage from the Canary Islands powered by her sails alone. Best speed reported in the crossing was 236 sea miles in 24 hours.

The public will be permitted to board the steel-hulled and masted vessel Saturday and Sunday from 2 to 5 p. m. The bark is scheduled to leave for Kiel on Monday.

Port Hails First German Navy Ship Here Since 1936

The New York Times (by John Orris)

Gorch Fock under sail yesterday as she moved through the harbor near Statue of Liberty

By JOHN P. CALLAHAN

With the wind whistling through her rigging and billowing her twenty-three sails, the white-hulled training ship Gorch Fock sailed gracefully up the harbor yesterday. She is the first German naval vessel to visit New York since 1936, when the cruiser Emden came here. The 257-foot bark received a welcome that delighted the 180 cadets who scurried with agility up and down the swaying webs of rope. Water and sky craft of the Navy, the Coast Guard, the Police Department and the Fire Department, together with private vessels from liners to launches, roared and blasted their

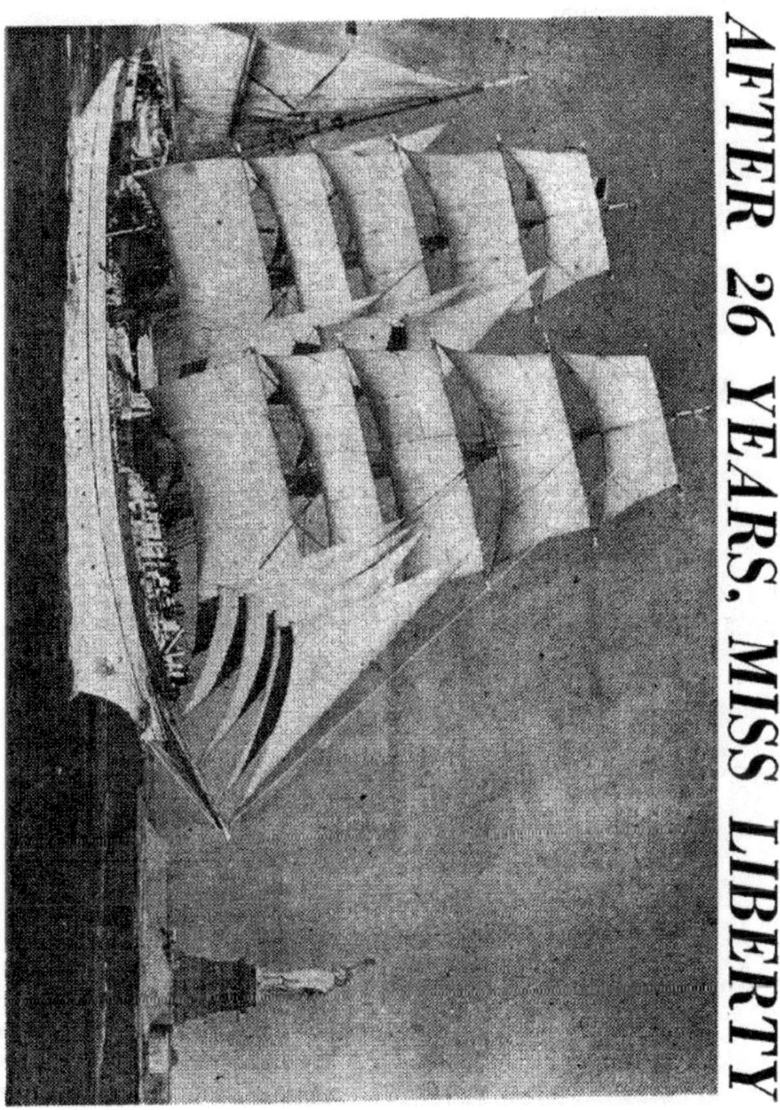
AFTER 26 YEARS, MISS LIBERTY
OODWILL VOYAGE—The West German Navy's three-masted training bark Gorch Fock scuds under full sail
ast the Statue of Liberty yesterday. She is the first German naval vessel here since 1936.
Herald Tribune—UPI

ENUMERATES SIGHTSEEING HOPES — Hans von Plocki of Berlin, German naval cadet who visited Plainfield yesterday with 100 of his shipmates from the training bark Gorch Fock, as "tourists" struggles for the right words as he tells John C. Apgar, right, what he hopes to see during his week in this country. Ready to interpret for him is Mrs. Hugo Wiesenthal of 1250 Terrill Rd., Scotch Plains, and listening at the left is James A. Flynn of Green Brook, vicepresident of the local Navy League. (Photo by E. T. Wiggins)

GREETS GERMAN NAVAL CADETS — William H. Storck, president of the Watchung Council of the Navy League, greets a few of the 100 German naval cadets being entertained in Plainfield today by about 50 families, most of whom are members of the Steuben Society which is assisting the Navy League in its project to show the visitors a typical American city, typical American families and typical homes. (Photo by E. T. Wiggins).

72

Eine Autofahrt nach Princeton, Newark und Brunswick zeigt uns das Leben der Countryside in New Jersey. Princeton besitzt, im Stil der englischen Gotik gebaut, die älteste Universität der Vereinigten Staaten. In einem der vielen Highway-Restaurants von Howard Johnsons essen wir à la carte Luncheon „Creamed Chippes Beef on Toast" mit einigen Cocktails dazu. Die Inhaberin ist, wie überhaupt viele der Leute, die wir an diesem Tag kennen lernen, deutscher Herkunft und alle sind gut situiert.

Nachdem wir einen kleinen Einblick in die Umgebung New Yorks und das Leben dort gewonnen haben, lädt uns Familie Strohmaier in ihr Heim in Plainfield ein. Sie besitzen ein sehr nettes Häuschen, das sehr komfortabel eingerichtet ist und ganz wunderbar gelegen ist. Klaus und ich fühlen uns wie zu Hause.

Zum Supper kommt noch eine Familie, die Volker und den Smut mitbringen. Es gibt am Rost gebratenes Steak und viele andere delikate Sachen dazu. Leider müssen wir um 21.30 Uhr bereits wieder am Bus sein und deshalb früh aufbrechen. Frau Strohmaier fährt uns mit dem Auto hin und drückt zum Abschied noch einem jeden von uns einen 10-Dollarschein in die Hand.

Als Dank für diesen schönen Tag singen wir – alle 90 Mann – noch einige unserer Lieder und Shanties.

Mittwoch, 9. Mai 62
Da ab 11.30 Uhr erst Landgang ist, können wir bis dahin noch private Sachen erledigen. Um 13.00 Uhr stehen bereits wieder die Busse am Kai, die uns nach Kings Point der „Merchant Marine Academy" im Nordosten New Yorks bringen. Die künftigen Offiziere der christlichen Seefahrt erhalten dort eine umfassende vierjährige Ausbildung, die man fast paramilitärisch nennen könnte. Kings Point liegt am East River und ist sehr schön angelegt. Das Motto der Schule leutet" „Deeds not words" *[„Acta non Verba", Taten statt Worte, H.P.]*, und wenn man sich dort etwas mit offenen Augen umsieht, so findet man dies bestätigt. Wenn die Kandidaten dort ihre vier Jahre – ein Jahr davon müssen sie auf See verbringen – mit Erfolg hinter sich gebracht haben, können sie sowohl als Offizier bei der Christlichen als auch bei der Navy ihre Karriere machen. Die Lehrer, die dort unterrichten, sind sowohl Offiziere der Handelsmarine als auch ordentliche Professoren.

Um 19.30 Uhr stehen schon wieder Busse auf der Pier. Diesmal geht's zum „Liederkranz". Der Liederkranz ist ein Gebäude, das einem deutschen Gesangverein gehört, der in New York sehr bekannt ist. Für hungrige Sailors hat man ein großes Buffet mit vielen delikaten Sachen aufgebaut – die dazu natürlich nicht nein sagen. Und als es dazu noch Freibier und unentgeltliche Zigaretten gibt, ist die beste Grundlage für die große Premiere unseres „Gorch-Fock-Chores" geschaffen. Unter der bewährten Leitung unseres DO's wird die Sache ein Erfolg.
Hinterher führt eine Gruppe Hawaimädchen Tänze aus ihrer Heimat auf, wie man sie in Deutschland nur im Film zu sehen bekommt. Danach ist noch Tanz bis zum Zapfenstreich; dabei domi-

niert der zur Zeit in den USA sehr in Mode gekommene Twist. Die meisten von uns können sich aber damit nicht befreunden.

Donnerstag, 10. Mai 1962

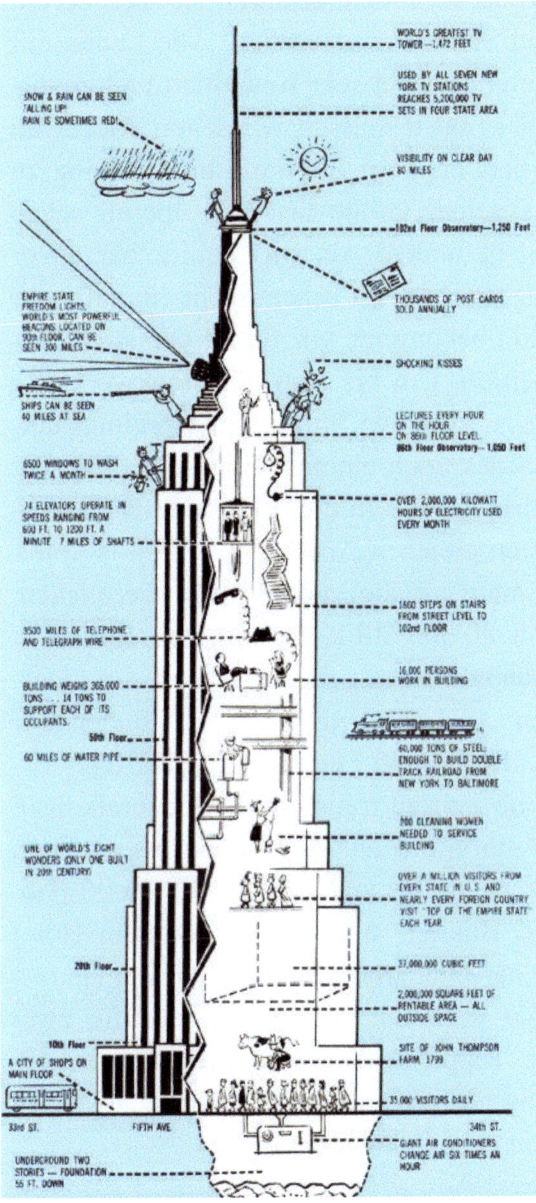

Heute habe ich nur abends zwei Stunden „Dienst" und ich kann den Nachmittag über Bummeln gehen. Piet schlägt vor, das Empire State Building zu besichtigen. Auf dem Weg dorthin werden wir von allen Seiten neugierig, aber freundlich betrachtet. Viele sprechen uns an, als wir ihnen sagen, dass wir zu dem Segelschulschiff gehören, erzählen sie uns begeistert, dass sie uns einlaufen gesehen oder doch zumindest in den Zeitungen davon gelesen hatten. Jeder, der uns anspricht, stellt die gleiche Frage: „Do You like New York?", und wir geben immer die gleiche Antwort: „It's wonderful!"

In der American Express Bank versuche ich einige Silberdollar einzutauschen. Zuerst möchte man uns an eine Wechselstube verweisen. Doch im Laufe eines angeregten Gespräches, in das wir mit den Angestellten der Bank kommen, erklären sie sich bereit, die Dollars auch an Ort und Stelle einzutauschen. Alle Leute, mit denen wir ins Gespräch kommen, sind sehr freundlich und zuvorkommend. Doch kurz nach 17.00 h müssen wir schon wieder an Bord und wir müssen uns beeilen, zum Empire State Building zu kommen. Da man es dank seiner Größe fast von überall sehen kann, haben wir es schnell gefunden. Als wir unmittelbar davor stehen, können wir die Spitze nicht mehr sehen, nicht einmal mehr den 102. Stock … Ein Ticket bekommen wir für 65 cents. 74 Elevator sind andauernd in Betrieb. Um bis zum 86. Stockwerk, der unteren Aussichtsplattform zu kommen, müssen wir dreimal umsteigen, und bis zum 102. Stock noch einmal – wir sind 1250 feet hoch. Kein Verkehrslärm dringt mehr in diese einsame Höhe herauf. Die Menschen dort unten gleichen Ameisen, die Autos Spielzeug. Von hier aus kann man gut die ganze Stadt überblicken. Zwischen den Giganten mit 80.000 BRT, die wir von dort oben auch nur an ihren roten Schornsteinen erkennen: die „America“, die „France“, die „Bremen“, die „Queen Elizabeth“ finden wir endlich unsere Nussschale, die „Gorch Fock“. Ein großartiges Erlebnis! Aber wir haben keine Zeit zu träumen, der Generalkonsul wartet im Hotel Waldorf Astoria auf uns. Ein Block bis zur 46th Street und dann immer geradeaus bis zur 86. Pier. Um 5.00 p.m. sitzen wir schon wieder in Bussen. Wir steigen vor dem Hotel Waldorf Astoria aus. Mancher Feudalherr hätte um so ein Haus – um so ein Schloss – einiges gegeben, in dem wir jetzt für zwei Stunden Gäste sind. Dicke Teppiche dämpfen jeden Schritt, geschäftige Waiter weisen uns höflich zum großen Empfangsraum, wo wir herzlich willkommen geheißen werden.

Überall im ganzen Saal stehen Waiter mit Tabletts voll mit köstlichem Nass bereit. Erlesendste Whiskys, „Scotch" und „Canadian Club" lassen das Herz höher schlagen. Ein riesiges kaltes Buffet mit auserlesenen Sachen wie Austern, Krebse, Hot Dogs und vielen anderen Delikatessen lässt das Wasser im Munde zusammen laufen und wir greifen willig zu. Aber wir sind nicht die einzigen Gäste. Bekannte Persönlichkeiten aus dem öffentlichen Leben, Industrie und Wirtschaft und hohe Offiziere der US-Navy erweisen sich als äußerst nette Gesprächspartner. Vor allem ist die ungezwungene Atmosphäre, in der diese Cocktailparty stattfindet, für uns geradezu verblüffend. Man toastet mit einem Präsidenten oder Direktor eines Konzerns, oder einem Admiral und unterhält sich mit ihm, als wenn man es jeden Tag täte. Verblüffend ist außerdem, dass fast keinerlei Sprachschwierigkeiten auftreten. Das Ganze ist wie ein Traum – ein Traum, der eine Ewigkeit dauern könnte.

Als wir uns hinterher wieder in den Streets und Avenues bewegt haben, sind wir noch immer trunken von diesen beiden Stunden. Eine New Yorkerin rät uns auf die Frage nach einer netten Cafeteria, das deutsche Viertel in der 86th Street aufzusuchen.

Als wir uns dort ein wenig umsehen, spricht uns eine Frau auf Deutsch an. Sie erzählt uns, dass ihr Sohn in Glückstadt bei der Marine wäre. Sie hätte eingeladen, sei aber in Zeitnot. Da sie aber trotzdem etwas für uns tun wollte, drückte sie uns zum Abschied einen 20-Dollarschein in die Hand. Thank you ! -

Ein handfestes Abendessen in einem „Bayerischen" Gasthaus bildete eine solide Grundlage für den weiteren Abend. Wiederum in einem deutschen Restaurant verbringen wir zechfrei den weiteren Abend.

Dräger: *Donnerstag, 10.5.62*
Die beiden Hauptereignisse des heutigen Tages waren für mich zugleich der Höhepunkt des New York Besuches: Der Empfang Botschafter Grewes an Bord und ein Gespräch mit ihm, wie die Party, die der Generalkonsul im Hotel „Waldorf Astoria" gab.
11.00 – die Besatzung ist zur Begrüßung des Vertreters der deutschen Regierung in Amerika angetreten. Der Wagen fährt vor, der Botschafter stellt sich den erschienenen Reportern für wenige Mi-

nuten zur Verfügung. Gefolgt von einigen hohen Persönlichkeiten betritt er die Stelling, der BdW pfeift die ihm zustehende Seite, das Horn ertönt, die sechs Fallreepsgasten erweisen die Ehrenbezeugung, die Besatzung steht still und nachdem der WO seine Meldung verrichtete, schreitet dieser hohe Gast die Front ab.

In der folgenden Begrüßungsansprache weist er nicht nur auf die Bedeutung des Schiffes und seiner Besatzung für den guten Kontakt zwischen unserer Heimat und dem Gastland hin, sondern gibt seiner Freude Ausdruck, an Bord sein zu dürfen. Sein Willkommensgruß ist deshalb auch besonders herzlich und für ihn bedeutet diese Stunde sicherlich eine angenehme Abwechslung.

Nach einem „Drink", den der Kommandant seinem Gast zu Ehren reichen lässt, wird uns Offiziersanwärtern die große Ehre zuteil, etwa eine Viertelstunde mit Botschafter Grewe sprechen zu dürfen. Über das Niveau der Fragen, die wir ihm stellten und die er bereitwillig beantwortete, sprach er sich sehr lobend aus. Wohl jeder war sich der Bedeutung dieses Augenblicks bewusst:

<u>*Unsere Fragen:*</u>
1. Welche Bedeutung wird den vorübergehenden Meinungsverschiedenheiten Adenauer – Kennedy beigemessen?
2. Die Berlinreise und das amerikanische Volk.
3. Die Bedeutung antideutscher Bücher.
4. Welches Interesse herrscht für unser Schiff vor?
5. Ist die Hallsteindoktrin noch zeitgemäß?

Freitag, 11.Mai 62
Um 8.30 a.m. sitzen wir schon wieder in Bussen, Richtung West-Point. Wir fahren Hudson aufwärts durch eine landschaftlich sehr schöne Gegend. Auf der Fahrt durch diesen amerikanischen „Spessart" kommen wir an einer riesigen Flotte eingemotteter Hilfskriegsschiffe der US-Navy vorbei. Von weitem sieht es aus

wie ein riesiger Schiffsfriedhof, aber alle diese Schiffe sind innerhalb kurzer Zeit wieder einsatzbereit – für den Ernstfall. Dann taucht plötzlich mitten in einem Laubwald West Point auf – und ein Schilderhäuschen. Zwei Kadetten kommen zu uns in den Bus und bleiben den ganzen Tag bei uns. Die Ausbildungsstätte für die amerikanischen Offizieranwärter ist landschaftlich wunderbar gelegen. Aber die vier Jahre, die die Kadetten dort bleiben müssen, stellen hohe Anforderungen, wie uns die Kadetten erzählen.

Zuerst führen sie uns in ihre Kirche, in der alle 2.400 Kadetten den Gottesdienst besuchen können. Sie ist, wie viele Gebäude, in gotischem Stil gebaut. Die Gründung dieser Akademie datiert bis Washington zurück. Viele Denkmäler erinnern an ihn und die Schlacht, die hier geschlagen worden ist. Wir sehen die Unterrichtsräume und Unterkünfte, in denen die Kadetten ihr fast spartanisches Leben verbringen. Die Plebes dürfen das erste Jahr nicht raus, die anderen Jahre nur Weihnachten und im Sommer einen Monat. Alkohol gibt es nicht und wenn, nur im Zimmer.

Auch das Essen verlangt eine bestimmte Zeremonie. Die Plebes müssen fünf Minuten eher heraustreten und auf die anderen warten, mit denen sie zum Speisesaal marschieren – alle 2.400!

Um überhaupt nach West Point als Offizieranwärter kommen zu können, ist nicht ganz einfach. Zwar wird keine besondere Schulbildung wie bei uns verlangt. Dafür kann aber nur je nach Bevölkerungsquote der einzelnen Staaten ein bestimmter Prozentsatz hinkommen, der vom Gouverneur ausgewählt wird.

Die Galionsfigur
der „Gorch Fock" :
Ein stilisierter Albatros.

Abends bekam ich zufällig von Volker Hartmann noch eine Ermäßigungskarte für „My Fair Lady". Ein Taxi brachte uns zum Broadway Theater, wo wir, um einen wirklich guten Platz bekommen, noch 6 Dollars auf die Back legen mussten – was wir nicht bereuten. Denn der Ruf, den dieses Musical hat, besteht wirklich zu recht. Nur unsere Aufnahmefähigkeit war auf Grund des wenigen Schlafes – nur dreieinhalb Stunden jede Nacht – etwas eingeschränkt. Trotzdem hat es uns sehr gut gefallen.

Samstag, 12. Mai 62

Vormittags bis 11.00 Uhr habe ich Großreinschiff, um unseren „Dampfer" für die Menschenmassen, die für den Nachmittag erwartet werden, fit zu machen. Es sollten über 7.000 werden.

Punkt 13.00 Uhr kommt die Familie Strohmaier – diesmal als unsere Gäste – an Bord. Wir, Klaus und ich, führen sie im ganzen Schiff herum und zeigen ihnen, was zur Besichtigung freigegeben ist. Anschließend laden sie uns zu einer Sightseeing Tour ein. Ein Taxi bringt uns zum UNO-Gebäude – einem riesigen Komplex aus

Stahlbeton und Glas mit einer überaus reichen und geschmackvollen Innenausstattung. Eine charmante junge Amerikanerin leitet unsere Führung. Wir sehen alle Räume, in denen Weltprobleme von Rang erörtert werden. Economie and Social Council Chamber, dessen Ausrüstung von Schweden gestiftet ist. Trusteeship Council Chamber von Dänemark; Security Council Chamber von Norwegen; the General Assembly und das Secretariat Building, von Griechenland der UN geschenkt.

Um uns von den Strapazen der Besichtigung wieder zu erholen, suchten wir anschließend den „Rainbow Room" im Rockefeller Center auf. Dort, hoch über den meisten Dächern New Yorks, hatten wir einen wunderbaren Ausblick auf den Central Park und die umliegenden Stadtviertel von Manhattan. Genauso schön wie die Aussicht von dort oben war, so köstlich mundeten uns die Drinks, wie der „Rainbow Special", den es dort oben gab.
Leider musste ich diese nette Familie (Otto Strohmaier, 2360 Redwood Road, Scotch Plains, New Jersey), um 17.00 Uhr schon wieder verlassen: um 18.00 Uhr musste ich wieder „on Duty" sein.

Um ½ 6 Uhr bin ich mit anderen schon wieder unterwegs auf der Suche nach dem „Cardinal Spellman Club", den wir auch bald auf der Park Avenue finden. Als ich dort hinein komme, bin ich überrascht. Auf einem großen Parkett wird getanzt. Nebenan in Clubsesseln sitzen einige, die lesen und spielen. Andere sitzen vor dem TV, spielen Tennis. In einem anderen Raum wird gegessen und getrunken. Und das ist alles für Soldaten und frei. 400 nette Mädchen sind Mitglieder dieses großartigen Clubs, von denen verlangt wird, dass sie sieben Stunden in der Woche dort verbringen. In Deutschland könnte man sich daran ein Beispiel nehmen.

Bis ½ 11 Uhr bleibe ich dort und mache dann mit einigen Freunden einen Bummel durch Greenwich. Dort landen wir schließlich im Bizarre, einem finsteren Schuppen. Ehe wir überhaupt reinkommen, sind wir schon zwei Bucks los, drinnen sollten es noch einige mehr werden. Auf einer improvisierten Bühne sehen wir einige sehr gute Darbietungen. Eine Steelband aus fünf Negern zieht die Gäste ebenso in Bann wie eine Gruppe Mittelamerikaner mit ihrem

gewaltigen Rhythmus, und eine Negerin und ein Neger, die Bauch-
und Schlangentänze aufführen. Und genauso wie die Einrichtung
dieses Schuppens – nämlich man hat alles zur Dekoration benutzt,
was nur irgendwie passte – genauso finster sind die Gestalten in
und vor dieser Kneipe: „Mecca for those who seek freedom to be
themselves!"

Sonntag, 13. Mai 62

Eternal Father! strong to save,
Whose arm hath bound the restless wave,
Who bidd'st the mighty ocean deep
Its own appointed limits keep:
O hear us when we cry to Thee,
For those in peril on the sea.

Um 9.00 a.m. ist im Spellman-Club Hl. Messe und anschließend sind wir wieder im Club eingela-
den. Dort lerne ich Barbara kennen. Sie ist mit ihren Eltern vor
fünf Jahren ausgewandert – aus Neumarkt [Oberpfalz]! Bis zum
Mittag bleiben wir im Club und tanzen und singen einige Shanties.
Man erhält in dem Club alles, nur nicht den Stimmungskatalysator
Alkohol. Mittags gehen wir dann alle zusammen zu unserem
„Dampfer", wo wir den Mädchen unser Schiff zeigen und sich die
Gruppe auflöst. Den Nachmittag verbringe ich mit Barbara zu-
sammen. Wir bummeln durch die Streets and Aves, vorbei am
Rockefeller Center, die Park Av. hinauf, wo wir in einer netten
Cafeteria landen: 1320 York Ave. New York 21 NY.

Auf dem Heimweg stoße ich auf einen Deutschamerikaner, der mir noch sehr interessante Sachen von New York zeigt und erzählt. Von ihm erfahre ich, dass New York keineswegs der Melting pot ist, sondern dass die Bevölkerungsgruppen und „Nationalitäten" streng getrennt wohnen und kaum Berührung untereinander haben. Ein Block ist eine Stadt für sich. Überraschend für uns Deutsche ist, dass Frauen mit Frauen und Männer mit Männern zusammen wohnen, ohne gegen das Gesetz zu verstoßen. Diese beiden Stunden, die ich mit dem Amerikaner zusammen bin, runden den Besuch in New York – den Traum New York ab.

Die „Gorch Fock" liegt auf den 80 Piers keineswegs allein auf weiter Flur, sondern wir sind in guter Gesellschaft. Vor Gravesend treffen wir die „United States". Kurz nachdem wir festgemacht haben, legt neben uns die „America" an. Am Dienstag kommt die „Queen Elizabeth" und tags darauf gesellt sich auch die neue „France" zu uns. Und am Donnerstag legt neben uns noch die „Bremen" an. Gegen diese Giganten wirkt die „Gorch Fock" wie eine Nussschale.

TS America der United States Lines, 33.532 ts

SS France der Compagnie Générale Transatlantique, 66.000 BRT

Good bye New York !

Frische Brise : New York

Eine Woche lang New York, Broadway, 5th Avenue, Park Avenue, Manhattan, Brooklyn, The Bronx, Greenwich Village, Harlem, Chinatown. Und immer wieder: Everybody likes Twist, Twist, Twist . . . Sammy in the Bowery (trotz Warnung des Schiffsarztes). Party hier, Party da, Waldorf-Astoria – Mannequins an Bord. Alte ergraute Dame sagt: Jeder deutsche Maat – ein Diplomat! „Gorch Fock" in aller Munde – Liederkranz – Hulahula-Girls! Und dann: Auslaufen! (ohne Whisky. Der Lümmel hatte ein Kind gebissen! Mußte zur Gesundheitspolizei. Was keiner unserer Lords fertiggebracht hatte, leistete sich dieses Vieh! . . .)

Montag, 14. Mai 62

Good – bye ! Nach dem Reinschiff dürfen wir noch ein letztes Mal für eine halbe Stunde an Land – wo sich auf der Pier schon viele Menschen angesammelt haben, meistens Mädchen. – Das große Abschiednehmen beginnt. Die Mädchen haben fast alle Tränen in den Augen und auch den Sailors fällt es sichtlich schwer. Die Maate haben es nicht leicht, die Leute an Bord zu bringen.

Aber schließlich ist es soweit: Leinen los! Ein Schlepper schiebt uns ins freie Wasser. Die Segel los! … Enter auf! Aufstellen zum Paradieren im Want! Drei Hurras auf New York! Willig winken!

Aber der Wind ist gegen uns und wir müssen mit Motor auslaufen. Langsam gleiten wir den Hudson hinunter, vorbei an der Skyline, auf die wir einen letzten Blick werfen können. Vorbei an der Statue of Liberty. Long Island bleibt Backbord achteraus. Die Skyscraper schwinden zu Streichholzschachtelgröße. Der Pilot geht von Bord. Aber sein Schiff bringt „Whisky" *[den Bordhund]* zurück, der im letzten Moment noch von Bord musste, weil er eine Frau gebissen hatte und deshalb auf Tollwut untersucht werden musste. Ein Navy-Tug nimmt schließlich die letzten Photographen und Navy Officers von Bord, für die wir noch einige Manöver gefahren haben. Wir sind wieder allein. Der Traum von New York verschwindet hinter der Kimm.

Gegen Abend ist Hängemattskleidertausch, das bringt uns wieder auf andere Gedanken.

Weychardt : New York, New York

Der Nebel, der bereits seit Tagen unser Begleiter war, hatte sich verzogen. Zehn Uhr. Plötzliche Rufe an Oberdeck: „Land in Sicht". Hubschraubergeräusche ertönten. Und jetzt konnte auch ich hinter den Nebelschwaden die Skyline von New York erahnen. In der Gravesend Bay vor Long Island gingen wir vor Anker. Am späten Nachmittag hatten wir auch schon den ersten Amerikaner an Bord, ohne einen Hafen angelaufen zu haben. Dieser Gast war ein kleiner Vogel, der aussah wie ein Spatz. Er war so zutraulich, dass er sich auf den Kopf eines Kameraden setzte. In der Mittagszeit am folgenden Tag kreuzte uns die UNITED STATES, ein 53.000-Tonnen-Riese. Sie hatte das Blaue Band gewonnen. Diese Auszeichnung erhielt nur das schnellste Schiff auf der Nordatlantikroute zwischen Europa und Amerika. Am Montag, dem 7. Mai war endlich der große Tag gekommen: die Ankunft im New Yorker Hafen. Der I. Offizier führte eine Musterung durch. Er versprach uns Landurlaub für jeden Abend bis zwei Uhr nachts, sofern wir uns benehmen würden. Noch einmal erinnerte er uns daran, dass wir die Repräsentanten der Bundesrepublik Deutschland sind und uns dessen bewusst sein sollten. Nach dem Mittagessen brachte uns ein Schlepper den Lotsen für die Fahrt durch den Hudson und einige Reporter. Kaum waren wir aus den Engen der Hudsonmündung raus, öffnete sich vor uns der Blick auf den New Yorker Hafen und die Skyline Manhattans. Ein atemberaubender Anblick, der uns alle nicht mehr loslassen wollte. Ganz besonders das Empire State Building. „Alle Segel setzen!" Mit frischer Brise und hart über Steuerbordbug gebrasst präsentierten wir uns den New Yorkern. So hatten sie angeblich noch nicht einmal die EAGLE, das Schwesterschiff der alten GORCH FOCK, gesehen. Jetzt war auch unsere Eskorte vollzählig: Marineflugzeuge, Coast Guard Hubschrauber, Schlepper und Feuerlöschboote, die mit ihren

Wasserfontänen eine gewaltige Kulisse boten. Vorbei ging es an der Statue of Liberty. Uns war der Liegeplatz der UNITED STA-TES zugewiesen und am Lagerschuppen daneben prangte das Spruchband „ESSEX welcomes GORCH FOCK". Der Flugzeugträger ESSEX lag ein paar Piers von uns entfernt.

Ab ins Vergnügen

Am Montag waren viele Kameraden von uns in deutschen und amerikanischen Familien untergebracht. Mit einem Omnibus fuhren wir zum Plainshotel, wo die große Matrosenauktion stattfand. Die Mummis rissen sich um uns. Nach einem exzellenten Mahl wurden wir alle in schwere amerikanische Schlitten gepackt. Ziel war die Bowling Alley. Kegelschuhe an und ab ins Vergnügen. Die Tage gingen dahin mit Besuchen von Museen und Tagesausflügen nach Kings Point, der Merchant Naval Academy, und West Point, der berühmten Offizierschule der US-Army. Hier war der Aufmarsch der Kadetten zum Mittagessen der, von einem Musikkorps begleitet, eine gefühlte halbe Stunde dauerte. Vielleicht wurde diese Schau auch nur für uns veranstaltet. Jedenfalls war das gemeinsame Mittagessen so schnell beendet, dass wir in dem beeindrukkenden, fahnengeschmückten Speisesaal nicht einmal unsere Teller leer essen konnten. Es wurden Politiker und hohe Militärs zu Spitzenessen und Cocktailpartys auf die GORCH FOCK eingeladen und wer keinen Dienst hatte, hatte Landgang. Ich aber bekam, wie zu befürchten war, keinen Familienurlaub. Am Mittwoch konnte ich endlich mit Onkel Ed telefonieren. Er freute sich sehr über meinen Anruf und bedauerte sehr, dass er nicht nach New York kommen konnte. Ich teilte ihm nämlich mit, dass ich keine Erlaubnis hatte, nach Indianapolis zu fliegen. Gegen Abend fand dann unser schon seit langem geplanter Auftritt im Liederkranz statt, dem Clubhaus des Deutschen Vereins. Zum Leidwesen der anwesenden Gäste brachten wir die alten deutschen Seemannslieder nur in verkürzter Fassung. Als Gegengabe tanzten uns Hawaii-Mädchen Tänze aus ihrer Heimat vor.

Let's twist

Am nächsten Tag bummelten wir durch die Straßen New Yorks. Ziel war das Empire State Building. Von interessierten Passanten wurden wir gefragt, ob wir aus East oder West Germany kämen. Ein Fahrstuhl transportierte uns auf die Aussichtsplattform dieses imposanten Gebäudes. Es war eine einzigartige Erfahrung, die man in Deutschland nie hätte erleben können. Es war so windig, dass wir vorsichtshalber unsere Mützen unter den Arm klemmten. Zweite Station war das Museum of Modern Arts. Hier bekamen wir als Soldaten freien Eintritt. Die Tage vergingen wie im Flug und der Samstag war gekommen. An diesem Tag besuchte ich meine Gastfamilie. Ich wurde sehr nett empfangen. Die Kinder freuten sich riesig über die deutschen Mützenbänder, die ich für die Kleinen mitgebracht hatte. Aber ich wurde auch überrascht. Es hieß nämlich „Let's twist". Es war der erste Twist meines Lebens. Und er wurde den ganzen Abend getanzt. Am Sonntag war ich dann noch bei der Familie eines Crewkameraden meines Vaters (Crew X/16) aus Kaisers Zeiten eingeladen. Die Abschiedsworte seiner Tochter waren: „Vergiss nicht zu schreiben." Dabei hatte ich doch immer nur an meine Freundin gedacht. Dies war mein letztes Erlebnis in Amerika und in New York. Was erlebt die Crew auf der Rückreise? Und wie wird sie zu Hause empfangen?

14. Mai 1962. Es war ein seltsamer Abschied von dieser herrlichen Stadt. Wir genossen die wenigen Minuten auf der Pier, inmitten verliebter Pärchen und händeschüttelnder guter Freunde. Als die GORCH FOCK jedoch ein letztes Mal unter vollen Segeln den Hudson davonsegelte, versank dieses niemals schlafende Manhattan wieder in seine bizarre und ewig scheinende Stille. Trotz-

dem werde ich die Erinnerung an die warme, herzliche und char-mante Atmosphäre dieser Stadt nie mehr verlieren. Eines Tages werde ich wiederkommen.

KielerNachrichten

Manöver der „Gorch Fock" im Hudson-Strom machte Geschichte

Von amerikanischen Flottenoffizieren bewundert

New York. (dpa) Offiziere und Matrosen der „Gorch Fock" besuchten das UNO-Gebäude und besichtigten die Wolkenkratzer und andere Sehenswürdigkeiten, die sie bei ihrer Fahrt den Hudson hinauf gesehen hatten. Der Kommandant der „Gorch Fock", Kapitän z. S. Wolfgang Erhardt, stattete dem New Yorker Oberbürgermeister Robert F. Wagner im Rathaus einen Besuch ab. Wagner kündigte an, daß er den Besuch auf der „Gorch Fock" erwidern wolle.

Das schnittige Segelschulschiff fand bei den New Yorkern große Aufmerksamkeit. Die „New York Times" veröffentlichte auf der Titelseite ein Bild der „Gorch Fock" mit vollen Segeln mit der Freiheitsstatue im Hintergrund.

Amerikanische Flottenoffiziere stellten in Gesprächen mit Bewunderung fest, daß das Einlaufen der Dreimastbark mit Vollzeug im starkbelaufenen Strom bei ungünstigen Wasser- und Windverhältnissen ein Manöver war, das im Hudson „Geschichte machte". In Gesprächen gaben Offiziere der „Gorch Fock" zu, daß das Manöver so gewagt war, daß Offizieren und Mannschaften an Bord der „Atem stockte". Immerhin waren zu diesem Zeitpunkt 2000 Quadratmeter Segelfläche bei sehr ungünstigem Gegenwind hoch.

Unter den statistischen Zahlen der langen Schulfahrt wird von Offizieren der „Gorch Fock" besonders ein Punkt hervorgehoben: Auf der Reise von Kiel über die Kanarischen Inseln nach New York wurden auf dem Schiff von der gesamten Mannschaft nicht mehr als eine Flasche Bier und eine Zigarette auf die Seemeile gerechnet verbraucht.

Der ranghöchste Vertreter der USA im militärischen Stabskomitee der Vereinten Nationen, Vizeadmiral Charles Wellborn, gab für den Kommandanten der „Gorch Fock" und eine Reihe seiner Offiziere sowie für den deutschen UNO-Beobachter, Botschafter Heinrich Knappstein, und den amtierenden deutschen Generalkonsul, Ulrich von Rhamm, ein Mittagessen im Delegierten-Speisesaal der UNO. Anschließend besichtigten die Offiziere einige der UNO-Beratungssäle. Zur gleichen Zeit nahmen ungefähr 30 Mann der Besatzung an einer Besichtigung des UNO-Gebäudes teil.

Am Dienstagabend war die dienstfreie Mannschaft zum Teil bei amerikanischen Familien in New Jersey eingeladen, andere nahmen an einem von der Navy in Brooklyn veranstalteten Tanzabend teil. Bei dem von dem Patenschiff der „Gorch Fock", dem Flugzeugträger „Essex", und der deutschen Kolonie im Liederkranzsaal in einem deutschen Stadtteil für die „Gorch Fock" geplanten bunten Abend trug gestern ein unter schwierigen Umständen während der Ueberfahrt gegründeter und geschulter 70 Mann starker Chor Seemannsshanties vor. 10. 5.

Kieler Nachrichten
(1962-05-10), S. 12

Ansturm auf die „Gorch Fock"

New York. (dpa) Mehr als 7000 New Yorker besuchten am Sonnabend das deutsche Segelschulschiff „Gorch Fock", das am Montag seinen siebentägigen Freundschaftsbesuch in New York beenden und nach Kiel zurücksegeln wird.

Bereits in den Vormittagsstunden waren Hunderte zum Pier gekommen, obwohl die Besichtigung erst nachmittags beginnen sollte. Trotzdem ermöglichte das Schiffskommando den vorzeitigen Besuchern, die Dreimastbark und ihre Einrichtungen zu sehen. Um 14 Uhr war der Zustrom der Besucher bereits so groß, daß die New Yorker Polizei 2000 Interessenten abweisen mußte, da sie keine Aussicht hatten, während der dreistündigen Besichtigung noch an Bord zu kommen. Der Kapitän verlängerte daraufhin die Besuchszeit um eine volle Stunde, damit nicht allzu viele abgewiesen werden mußten. Am späten Nachmittag herrschte noch einmal fröhliches Treiben an Bord. Die Offiziere und Mannschaften hatten 60 New Yorker Waisenkinder eingeladen und bewirtet

„Whisky" verzögert die Abfahrt

Bordhund der „Gorch Fock" wurde von der New Yorker Polizei zur Untersuchung abgeholt

New York. (dpa-ap) Unmittelbar vor der gestern für 15 Uhr (MEZ) angesetzten Abfahrt des deutschen Segelschulschiffs „Gorch Fock" aus dem New Yorker Hafen mußte der Bordhund „Whisky" in ein Tierspital zur Untersuchung gebracht werden.

Um 14.30 Uhr erschien ein amerikanischer Zollbeamter mit New Yorker Polizeibeamten an Bord und wies einen polizeilichen Auftrag des Gesundheitsamtes vor, nach dem „Whisky" tierärztlich auf Tollwutgefahr untersucht werden mußte. Angeblich hatte Whisky am Sonntag ein 3 Jahre altes Mädchen gebissen, das mit seiner Mutter das Schiff besuchte. Der Schiffsarzt war gerade abwesend, aber ein Maat gab etwas Jod auf die Spuren des Bisses. Die Mutter erwirkte einen Auftrag des polizeilichen Gesundheitsamtes, nach dem „Whisky" auf Tollwut untersucht werden muß.

„Whisky" wurde, von Matrosen der „Gorch Fock" begleitet, in einem Auto in ein Tierspital in New York gebracht, um dort untersucht zu werden. „Whisky" war sich der Tatsache nicht bewußt, daß er im Mittelpunkt eines internationalen Zwischenfalles stand und war sehr begierig, zum erstenmal in Amerika an Land zu gehen. Man erwartet, daß die Abfahrt des Schiffes etwa eine Stunde später erfolgen wird. **15. 5.**

Exkurs: Mein Aufenthalt in New York 1962

von Klaus Waßmuth, Aufsatz an der Marineschule im Mai 1963

Trifft man in den Straßenschluchten Manhattans einen Passanten, der mit verzerrten Gesicht versucht, seinen Hinterkopf zwischen seine Schulterblätter zu schieben, um mit seinen Augen endlich die Spitze eines Wolkenkratzers zu erreichen, so ist er ein „Newcomer", <u>kein</u> New Yorker – davon ist ein waschechter Bürger dieser großen Stadt fest überzeugt.

Doch „Do not be angry" tröstet mich mein amerikanischer Begleiter, „Waschechte", das heißt, in New York geborene peopels, bilden hier eine Minderheit. New York ist ein „melting pot", ein Schmelztiegel.

Für einige wenige Tage war ich als Besatzungsmitglied des Segelschulschiffs <Gorch Fock>, das der Stadt New York einen offiziellen Besuch abstattete, ein gefeierter (wörtlich zu nehmen) Ehrengast dieser Metropole New York. Zugegeben: Als ich zum ersten Mal die <Skyline of Manhattan> vor mir sah, hatte ich Zweifel, ob in dieser Steinwüste auch menschliche Wesen existieren könnten. So nahm ich mir vor, die New Yorker kennen zu lernen.

New York ist eine sehr amerikanische[1] und gleichzeitig internationale Stadt. Unter dem Symbol der Freiheitsstatue leben und arbeiten Menschen aus Asien, Afrika und Europa friedlich nebeneinander. Auf meinem ersten Stadtbummel besichtigte ich das UN-Gebäude. Nach meinem Gefühl hätte kein besserer Platz gefunden werden können, der die Aufgabe der UNO sinnfälliger ausdrückt – nämlich, die Völker der Erde in einer friedlichen Welt zu vereinen.

---

[1] Kommentar des Lehroffiziers [LO]: Die Amerikaner sagen, NY sei eine fast europäische Stadt, wenn man von der Architektur absieht.

Auf einer kleinen Anhöhe am Ufer des East River erhebt sich das <UN–Building>. Mit kühnem Schwung stürmt das graublaue, aus Stahl und Glas bestehende Bauwerk gegen den Himmel. Davor liegt breit hingelagert das Sitzungsgebäude. Es ist verhältnismäßig flach. Sein Dach verläuft in einer sanften, konkavförmigen Kurve aufwärts.

Hier strebt alles nach oben.[2] Mir kam in den Sinn, dass dieses Gebäude nicht nur Unterkunft und Arbeitsstätte von einigen tausend Menschen ist, sondern auch Symbol der <Vereinten Nationen>. Ein bedeutender, ja, ein kühner Gedanke: In einer Zeit, die innerhalb zweier Jahrzehnte von zwei furchtbaren Kriegen erschüttert worden war, an eine friedliche Zusammenarbeit aller Völker dieser Erde zu glauben.[3]

Und auch die Innenarchitektur setzt Zeichen für diese Zusammenarbeit. Im großen Sitzungssaal, der von elf Architekten gestaltet wurde, ist die vordere Stirnseite mit einem großen Wandgemälde von Vernont Leger ausgeschmückt. Man erkennt die drei Zeitabschnitte in einem Menschenleben ebenso wie in der Menschheitsgeschichte: Der untere Teil - die Vergangenheit - zeigt die Menschheit im blutigen Gemetzel des Vollkrieges. Das Heute ist der zweite Teil. Die Menschen reichen sich die Hände und stehen Schulter an Schulter bei der Arbeit an der Maschine, an dem Haus, in dem sie beschützt leben wollen. Der dritte Teil ist nur in den Ansätzen zu erkennen. Die Menschen beginnen einen Berg zu er-

---

[2] [LO:] Sie würden besser darauf eingehen, dass die Wolkenkratzer- Bauweise durch die Halbinsel-Lage Manhattans und dem felsigen Untergrund begünstigt wurde.

[3] [LO:] Ausdruck! Besser: Liegt dem Gebäude nicht der kühne Gedanke zugrunde…

klimmen, dessen Gipfel aber noch im Nebel des Ungewissen liegt
- die Zukunft.

Für mich war es ein verheißungsvoller Beginn meines Aufenthaltes. Ich hatte den Eindruck, dass die Stadt und die Menschen, von denen ich noch nichts wusste, mir in Gedanken ein wenig näher gerückt waren.

Aus dem grauen, wolkenverhangenen Himmel fiel ein leichter, warmer Frühlingsregen. Über die feucht glänzenden <streets> und <avenues> rollte ohne Pause der Strom der bunt lackierten, chromglänzenden Straßenkreuzer. Über die Anzahl der Fußgänger war ich trotz allem erstaunt. Es gehen also auch die Amerikaner zu Fuß! Aber auf diese Überbleibsel der Zeiten <ante Ford> machen die knall gelb gestrichenen <cabs> - die amerikanischen Taxen - Jagd. In dem Verkehrsgetümmel der oft vier- und mehrgleisig rollenden Autoschlangen müssen diese oft sehr altersschwach aussehenden Vehikel dem zu Fuß schwachen Amerikaner wie eine Rettungsinsel erscheinen.

Drei Verhaltensmuster konnte ich ausmachen:

Verzweifelt, mit allen gerade verfügbaren Extremitäten hektisch winken - das war ein nervöser Großstädter, der durch und durch von dem dortigen Grundsatz beherrscht wird, dass Zeit Geld ist.

Ein anderer schnippt lässig mit Daumen und Zeigefinger. Dieser muss sein Geld schon verdient haben, denn alle Amerikaner sagen es bei jeder Gelegenheit und glauben es wohl auch, dass sie nie Zeit haben.

Der dritte Typ ist meist in Begleitung. Er kommt aus einem Club, einem Filmtheater oder einer Revue in Bunt und Kitsch. Dieser pfeift nach einem Taxi. Er ist laut und imponiert. Seine

<companionship> lächelt ihn bewundernd an und vergleicht ihn mit dem neu herausgebrachten Filmheld im eben gesehenen Film.

Ich merkte - leicht verschämt - dass meine Beobachtungen der Arroganz des Europäers entsprangen, die in dem vermeintlichen Grundsatz gipfelt: Der Unterschied zwischen Europa und Amerika liegt darin, dass der Weg Europas von der Barbarei über die Kultur zur Dekadenz geführt hätte. Amerika hingegen habe auf dem Weg zur Dekadenz die Kultur gar nicht kennen gelernt.

Eines Abends wurde ich zu dem Jahresfest eines College eingeladen, das hauptsächlich von Kindern der Deutsch-Amerikaner besucht wird. Die Schüler spielten in einer Aufführung Szenen aus deutschen Bühnenwerken. Zum Teil hatten sie die beginnende Emanzipation der Frau zum Thema - bekannt zum Beispiel <Nora> von Ibsen. Dort wurde ein Ausschnitt aus <Das einfache Leben> von Ernst Wiechert gebracht. Ich gewann dabei den Eindruck, der durch Gespräche noch vertieft wurde, dass die Leute annahmen, die Zeit sei bei uns stehen geblieben. Unsere Auffassung über das Zusammenleben von Mann und Frau ist für die Amerikanerin tiefes Mittelalter. Die Gleichberechtigung bedeutet in Amerika beinahe die absolute Vormachtstellung der Frau. Am Rande sei angemerkt, dass sich 85% des amerikanischen Kapitals in Händen von Frauen befindet. Dies wird von ihr als durchaus gesund und von ihm als Schicksal gegeben hingenommen.

Doch ich richtete mein Augenmerk an jenem Abend mehr auf die äußeren Vorgänge. Zuerst wurden die Mädchen und Jungen der Schülerselbstverwaltung den Mitschülern und den Gästen vorgestellt. Gleichzeitig wurden sie offiziell in ihrem Amt bestätigt. Es war erstaunlich, mit welcher Selbstsicherheit und Überlegenheit die sehr junge <mistress of ceremony> den Ablauf dieser Wahl bekannt gab, leitete und dabei für jeden Kandidaten ein treffendes

Wort fand, das ihn uns mit einer typischen Eigenart von ihm bekannt machte. Ebenso geschickt und energisch begegnete sie jeglicher Störung durch die Zuhörerschaft. Im übrigen waren alle Beteiligten mit völligem Ernst bei der Sache. Es wurde dort schulmäßig Demokratie in der Praxis geübt. Ich fand in keinem Augenblick, dass man das Ganze als eine Spielerei hätte auffassen können. Es gab bei diesen Leuten nichts Kindhaftes mehr.

Aufschlussreich war auch die Beobachtung der Lehrerschaft. Ich hätte eigentlich ein wohlwollendes Lächeln über ihre Zöglinge erwartet; aber ich entdeckte nichts davon. Ich fand nur Anerkennung. Die Lehrer fühlten oder gaben sich wie gleich gestellte ältere Kameraden. Respektpersonen in unserem Sinne waren sie nicht.

Durch die Art seiner Ausbildungsmethode will der Amerikaner zu Teamgeist erziehen. Die sogenannten <chairmen> – eine Art Klassen- bzw. Schulsprecher üben einen großen Einfluss auf ihre Mitschüler aus.

Wie ich auch an diesem Abend erkennen konnte, bemühen sich die Schüler um Anerkennung und um eine hervorragende Stellung innerhalb der Schulgemeinschaft. Die Verleihung eines Schulordens für Verdienste um die Schülerschaft wird als eine große Ehre empfunden.

Eine Gefahr würde ich darin sehen, wenn das Bemühen, das Streben nach Anerkennung durch die Gemeinschaft zu einer blinden, bedenkenslosen Unterordnung führte. Radio- und TV- Sendungen spielen in Amerika – wie auch zunehmend bei uns – eine große Rolle bei der Bildung von bestimmtem Verhaltensmustern und gefährden eine eigenständige Meinungsbildung. Hinzu kommt eine beinah grenzenlose Verehrung der Technik, die alles schneller, besser, größer und rationeller zu machen verspricht – wenn der Mensch nur funktioniert.

In diesem Zusammenhang empfand ich die Aussage, ich möchte es einen Appell nennen, von einem jungen Schüler an seine Mitschüler, bemerkenswert: „Schlaft nicht im Leben, aber vergesst dabei das Träumen nicht!"

Während meines Aufenthaltes in New York habe ich einigen Leuten die Frage gestellt: „Lässt es sich gut in Amerika leben?" Eine deutsche Familie, die ich im <central parc> traf, sagte: „Wir leben und verdienen unser Geld, aber die Menschen sind hier so oberflächlich." Die Frau: „Werde ich einer fremden Dame vorgestellt, so ist sie so herzlich, dass ich glaube, wir könnten Freundinnen werden. Trifft man sie einige Tage später, so erkennt sie mich nicht mal wieder." Ein etwa 30-jähriger Deutschamerikaner, nach dem Kriege in die Staaten eingewandert, studiert Geschichte, augenblicklicher Job: Museumsdiener, verheiratet, zwei Kinder. Seine Meinung gipfelt in der Wiedergabe eines Gesprächs, das in dem Buch <The ugly american> steht: Ein Freund fragt den in den Staaten in besten Verhältnissen lebenden Geschichtsprofessor: „Sag' mal, warum kehrst du so oft hier nach Deutschland zurück?" Lange Pause, dann beantwortete der Freund seine eigene Frage mit der Feststellung: „Siehst du, aus diesem Grunde komme ich nicht nach Amerika!" Und die geborene New Yorkerin sagte: "Hier ist es fantastisch, mir gefällt das Internationale an dieser Stadt. Hier ist man so frei, und es stimmt nicht, dass Gelehrte und Künstler sich hier nicht wohl fühlen. Wie viele sind nach Amerika gekommen, arbeiten hier und haben Erfolg!"

Ich möchte versuchen ein Fazit über meine Erlebnisse und Eindrücke zu ziehen, die ich in der kurzen Zeit gehabt habe: Es war wunderschön, als Gast in New York zu sein. Die Menschen genießen dort eine große Freiheit, aber sie macht auch einsam, da sie oft den persönlichen Kontakt verhindert. Der unbedingte Anspruch auf persönliche Freiheit schafft Organisationen, die als Kontrollorgan über die demokratischen Grundrechte des Bürgers wachen. Aber gleichzeitig werden die Menschen zu Sklaven ihrer Freiheit, indem sie sich dem Zwang der Organisationen wie Gewerkschaften, Frauenverbände u.a. beugen (müssen). Der Amerikaner ist im Geschäftsleben sehr nüchtern. Die Zahl scheint mir der Inbegriff der amerikanischen Kultur zu sein. Man spricht nicht von dem Geist, der beim Bau eines Wolkenkratzers die Leistung ermöglicht wie wir es beim Anblick unserer gotischen Dome vorstellen, sondern von der Anzahl der Tonnen Zement und Stahl, die verbraucht wurden und der kürzeren Zeit, in der das Werk vollendet wurde. So könnte ich mir vorstellen, dass Techniker und Naturwissenschaftler durch gute Arbeitsmöglichkeiten sich wohl fühlen könnten, aber Leuten wie dem oben zitierten Geschichtsprofessor fehlt die geistige Atmosphäre, die ihre Arbeit gedeihen lässt.

Doch wie es auch sei, New York war für mich ein buntes, aufregendes und beeindruckendes Schauspiel.
Sieben abwechslungsreiche Tage durfte ich darin mitspielen.
Es war nur eine kleine Rolle - für mich, ein Erlebnis!

Auslaufen NY. Retuschiertes Photo, Logbuch Waßmuth

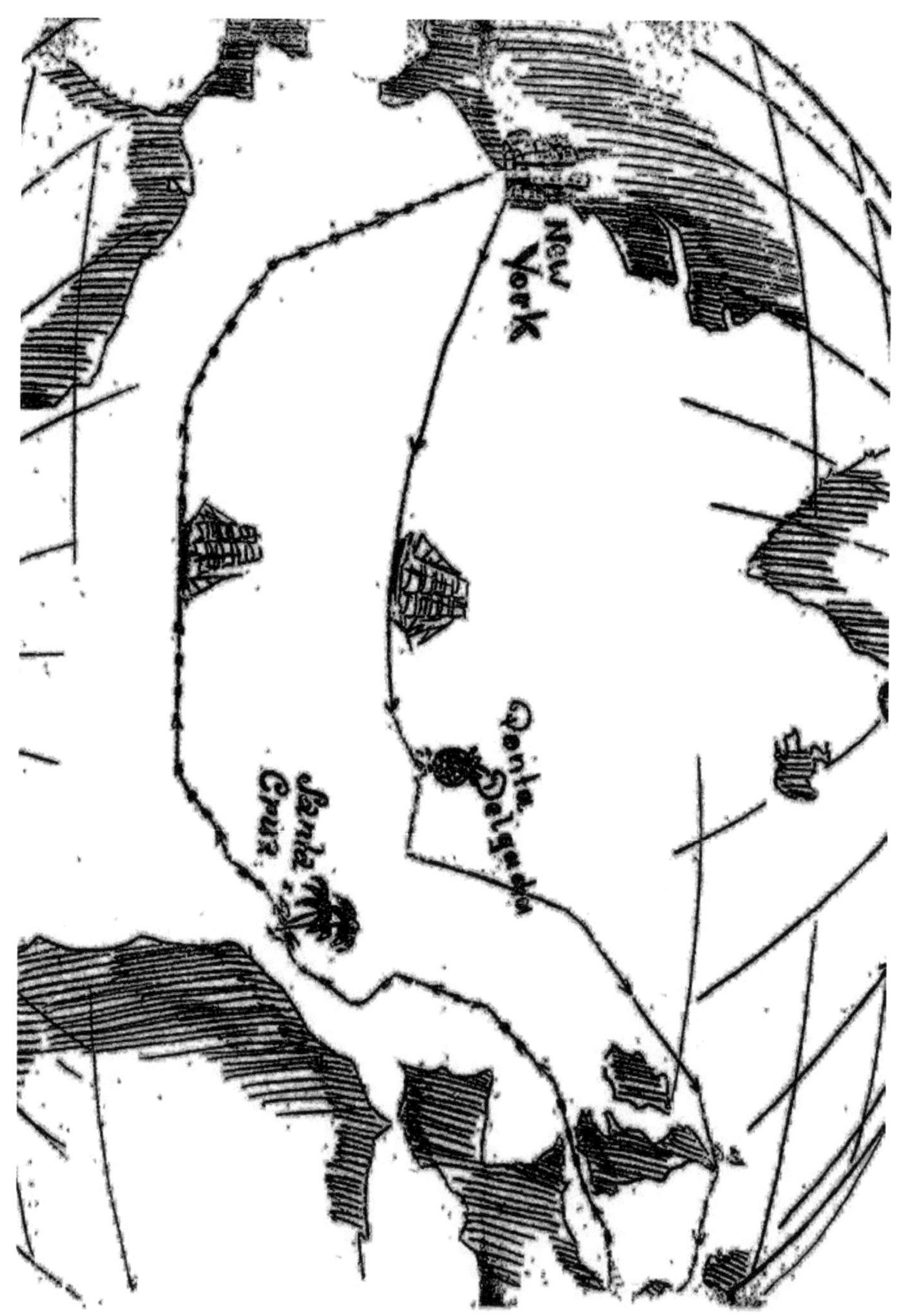

Ausschnitt Titelblatt Umdruck „Frische Brise", MSM Juni 1963

100

Eastward ho – zu den Azoren

15. bis 27. Mai 1962

Frische Brise, 15.05.62

Zwei rosa Tropfen auf ein Stück Würfelzucker . . . wascht Eure Hände, Kameraden! Das Schicksal und die Polio-Bakterien nahmen ihren Lauf.

Einer schwelgt in Erinnerung:

*Die „Gorch Fock" seit vielen Tagen
wieder auf dem Meere schwimmt.
Unsre Herzen höher schlagen,
weil sie Kurs zur Heimat nimmt.*

*In New York sind wir gewesen
um den Broadway rundherum.
Neger, Inder und Chinesen,
bunt war dort das Publikum.*

*Wo die Wolkenkratzer stehen
manches Haus zum Himmel ragt,
gab es viel für uns zu sehen -
auch die UNO, die dort tagt.*

*Frisch und froh, wie neugeboren
wir jetzt auf der Heimfahrt sind.
Denn vorbei an den Azoren
segeln wir zu Frau und Kind.*

(Westphal)

Dienstag, 15.5.62

Ich drehe durch, drehen Sie mit? Das ist die Parole für den großen Umzug, den wir heute machen. Wir, die zweite Division, ziehen in den vorderen Wohnraum, die erste Division nach achtern. Es wird

Pennant Whooling vor!

Mittag, bis wir einigermaßen klar kommen. Nachmittags erfolgt die Reinschiffeinteilung. Ich komme zu Maat König, zu den Mitteldecksreinigern.

Weychardt: Die Rückkehr

Dienstag, 15. Mai 1962. New York lag nun hinter uns. Wie schnell man doch eine Episode aus den Gedanken verbannen kann. Wie schnell man sich doch wieder an das alltägliche Leben an Bord gewöhnt. Es klappte ein Manöver nach dem anderen. Doch darauf durften wir uns nicht ausruhen. Die kommende Woche sollte uns mehr denn je in Anspruch nehmen. Das Wetter überraschte uns immer wieder mit starken Böen, mit steifer See und blitzartigen wuchtigen Regenschauern. Seeleute brachen sich Körperteile und Tampen lagen in chaotischer Ordnung. Zwischen der Gischt wieder die Kommandos des Wachoffiziers und des Kommandanten. Oft segelten wir nur mit den Untermarsen und den Sturmstengestagsegel. Aus herrlichstem Sonnenschein wurde plötzliche graue Nacht und die GORCH FOCK schlingerte und stampfte gewaltig auf den Wellen. An diesen Tagen und Stunden lernten wir, wie wichtig es ist, immer wach und umsichtig zu sein.

Aber unsere Stimmung war gut. Ein Jauchzen ertönte bei jedem schweren Brecher und dem Gischtregen, der übers Deck fegte. Vielen von uns wurde erst jetzt klar, warum die Brassen Zentimeter um Zentimeter steif gesetzt werden mussten. Jetzt wussten wir, was es hieß zu segeln. Segeln war kein Wettkampf gegen die Zeit,

sondern gegen das Wetter, gegen die raue Natur, die wir nicht
umgehen konnten.

Im Starkwind. Zeichnung Waßmuth.

Mittwoch, 16.5.62

Heute ist Einteilung der neuen Toppen. Für mich ändert sich nichts, außer dass ich einmal anstatt im Großwant im Fockwant entern muss. Ich werde Fock Stb. 1.

DER TOPPENWECHSEL

Sie saßen beide über'm Bier -
die DO's der ersten und zweiten;
sie saßen nach alter Seemannsmanier
und keiner dachte zu streiten!

Sie sprachen dies, sie sprachen das,
wohl auch von Bier und Wein im Faß;
denn der Kanal, wenn er noch leer,
bringt solch Gedankengut ja her!

Bald, als er zuviel Bier gespürt
und sich der Teufel in ihm rührt,
begann unser DO zu fragen:
„Wie kann es sich nur zutragen,

dass meine Leute die deinen schlagen?
Wenn wir an Segeln exerziert,
warst du doch stets aufs Mark blamiert!"

DO I, der angegriffen,
hat sogleich zurückgepfiffen:
„Ihr seid nicht schnell, nicht überklug,
ihr habt am Großtopp Raum genug!

Doch auf der lächerlichen Back
tritt sich schon auf die Zeh'n mein Pack!
Und geht's erst an die Arbeit flink,
gibt's Leiberknäul bis Marssaling!"

So ging es hin, so ging es her
und dieser Worte fielen mehr.
Man kam dann endlich überein:
Die Sache bringen wir ins Rein,

indem wir etwas Neu's probieren
und beide Wachen umquartieren.
Gesagt, getan, am nächsten Tag
da zogen wir mit Sack und Pack

in unser neuestes Quartier – –
die Leidtragenden – war'n wieder wir!

Den DO I zu widerlegen,
das war nun Stackelbergs Bestreben.

Drum ward gelernt, geübt, probiert.
Das „Segel fest!" geht wie geschmiert.
Unser DO ist sehr zufrieden.
(Das heißt für uns, wir haben Frieden!)

Und da der allen angenehm,
weil einem jeden so bequem,
tun wir nicht ruh'n, tun wir nicht rasten,
wir Bande der „Stacks"-Segelgasten.

(Opitz)

Donnerstag, 17.5.62

Durch den Umzug ist auch eine neue Rollenverteilung notwendig geworden. Meine künftige Rettungsinsel ist die Stb. achtern auf der Back.

Mit 50 kn Windgeschwindigkeit überrascht uns mittags eine Böe. Abends Segel fest.

Freitag, 18.5.62

Vormittags überrascht uns OLt Herpich mit 21 Fragen quer durch die Last.

Da wir hart am Wind liegen, kommen wir heute Nacht wieder zu einer Bauernnacht.

Samstag, 19.5.62 und Sonntag, 20.5.62

Der Wind bleibt weiterhin ungünstig, sodass wir weiterjockeln. Dazu setzen wir tagsüber die Stagsegel, wodurch wir 1,5 kn mehr Fahrt machen,

Frische Brise, 20.05.62

Wieder auf hoher See. „Jockel" macht radadel – radadel –

radadel. Es ist kühl und nass und stürmisch.
Aber es geht der Heimat zu.

Montag, 21.5.62
Die See gleicht einem Ententeich. Das benutzt der Kommandant, um beim fahrenden Schiff das An- und Abscheren der Kutter zu demonstrieren. Hinterher fahren wir mit der 1. Korporalschaft ein Kutterrace, wobei wir unterliegen.

Dienstag, 22.5.62
Die Uhr wird um eine Stunde vorgestellt. Um 6.40 Uhr beide Wachen klar zum Manöver, denn wir erwarten Besuch. Gegen 9.30 Uhr kommt das US Wetterschiff „Echo" querab. Der I.O. fährt mit einem Kutter hinüber. Anschließend besuchen uns Offiziere des Wetterschiffes, die unser Filmvorführungsgerät reparieren. Abends sehen wir im Kino „Der Pauker".

Frische Brise, 22.05.62
Mach `mal Pause – trink Coca Cola! Pause bei Wetterschiff E.
I.O. und Meteorologe und die Kutter-Crew setzen über. Mit 3 Kasten Bier für die Besatzung von W 35. Unendlich froh, die Kutterfahrt überstanden zu haben, entledigt sich der Meteorologe seiner Schwimmweste, indem er sie dem Meere übergibt. Schwimmfähigkeit der Weste erwiesen, Thema durch!
Halb vergammelte Yankees entern die „Gorch Fock", der Rückzug wird nach Stunden angetreten. Wetterschiff 35 meldet für einen Teil der Besatzung Bodennebel! (Three cheers for the W 35 !) Kurs Azoren . . .

Weychardt*: Bis Dienstag, dem 22. Mai 1962 beruhigte sich das Wetter. Die See war glatt. Wir trafen das ständige Wetterschiff ECHO der US-COAST GUARD. Um den bärtigen Seeleuten eine Freude zu machen, setzten wir alle Segel, brachten einen Kutter zu Wasser und* *schickten ihnen drei Kästen guten deutschen Bieres. Als Zeichen der Anerkennung reparierten sie unseren Filmapparat.*

Mittwoch, 23.5.62

Wir warten immer noch auf den entscheidenden Funkspruch, ob wir die Azoren anlaufen dürfen. Deshalb setzen wir tagsüber Segel, um für den Fall, dass wir sie nicht anlaufen dürfen, Sprit zu sparen.

Der Proviantmeister, Bootsmann Glatz, berichtet uns über seinen Aufgabenbereich und verrät uns dabei einige Tricks, falls wir einmal VO *[Versorgungsoffizier]* werden sollten.

Donnerstag, 24.5.62

Vormittags erzählt uns Stabsbootsmann Nix über die Aufgaben des Obersteuermanns, die seinen Angaben nach zu den interessantesten Sachen an Bord gehören, nämlich Signaldienst und Navigation. Da zur gleichen Zeit ein ganzes Rudel Tümmler unser Schiff umkreisen und wir uns auch dafür interessieren, wird er etwas ungehalten und schickt einige zum DO.

Nachmittags OLt Herpich Seeschifffahrtsstraßenordnung.

Freitag, 25.5.62

Mit drei Hurras gratuliert mir meine Division zum Geburtstag.

Um 11.30 Uhr hält der Kommandant an der Stelle, wo die „Pamir" am 21.5.57 gesunken ist eine Gedenkstunde. Zwei Maate versenken einen Kranz im Meer.

Abends feiern wir mit Gin und Tonic auf der Achterback meinen Geburtstag. Außerdem erreicht uns heute der lang ersehnte Funkspruch: „Azoren anlaufen!"

Weychardt: Gedenken an die PAMIR
Ich habe schon einige Gedenkfeiern erlebt. Aber die Gedenkfeier am 25. Mai 1962 war besonders bewegend für uns als Windjammer-Crew. Wir hatten die Unglücksstelle der PAMIR von 1957

erreicht. Bei den Gedanken, wie das Schiff unterging, wie alle, bis auf sechs Seeleute, ihre Gefühle und Sehnsüchte, die sie hegten mit in die Tiefen des Ozeans nahmen, wurde uns bewusst, mit welchem Glück wir unterwegs waren. Vielleicht sollte man aus diesem Desaster eine Lehre ziehen. Dass es keine schöne, sondern vielmehr eine vornehme und ernsthafte Aufgabe sei, einen Segler über den Atlantik zu führen. Wie viel Glück und Freude ist auf solch einem Schiff. Aber wie würde es sein unterzugehen? Vielleicht einen letzten Funkspruch abzugeben und danach in jenes ungewisse Element zu versinken.

Jeder Name der ertrunkenen Seeleute wurde durch unseren Kommandanten verlesen, als Anerkennung und letzten Gruß. Doch einen meiner Kameraden traf es besonders schwer. Jeder ertönte Name brachte ihm Schmerz. Er war für die letzte Fahrt der PAMIR vorgesehen, doch kurz vor dem Auslaufen des Viermastsegelschiffes hatte er sich einer Blinddarmoperation unterziehen müssen. Es waren die Namen seiner alten Kameraden. Seltsamerweise kam an diesem Tag auch auf uns eine drohende Wetterfront zu. Alle waren auf der Hut, die Segel wurden geborgen und das Wetter rauschte dahin.

Samstag, 26.5.62
Großreinschiff vormittags. Nachmittags können wir frei duschen. Hinterher fühlen wir uns wieder fast wie Menschen.

Sonntag, 27.5.62
Faulenzen!

Mittagspause
im Wohndeck.
Zeichnung Waßmuth.

Auf den Azoren

28./29. Mai 1962

Montag, 28.5.62

Gleich nach dem Wecken werden die Segel gesetzt. Dann taucht im Dunst Backbord voraus schon die Insel São Miguel auf. Wäh-

rend wir die letzten Vorbereitungen treffen und das Schiff hafenklar machen, schwindet die Dunstglocke über der Insel. Inmitten von sattem frischen Grün eingebettet liegt Ponta Delgada vor uns.

Zwei Kirchen im alten, kolonialen Stil und ein altes Kastell beherrschen das Stadtbild. Ein kleiner Kutter bringt den „Pilotos" an Bord. Pünktlich um 11.00 Uhr machen wir an der langen Mole fest. Vergammelte Matrosen der portugiesischen Navy, alte Hafenarbeiter, Kinder mit abgetragenen, zerschlissenen und viel zu großen Hosen, aus denen schmutzige, braune Füße hervorschauen, stehen an der Pier.

Um 13.00 Uhr stehen schon wieder vier Busse an der Pier, für „Excursões".

Überall, wo uns Leute begegnen, winken sie uns freundlich zu. Unsere erste Haltestelle ist eine große Ananasplantage oberhalb der Stadt. Die langen Treibhäuser, in denen die kniehohen Ananaspflanzen gezogen werden, sind von einem wunderbaren Garten umgeben. Als wir durch diesen Garten hindurchgehen, vorbei an roten, blauen und gelben Blumen, an über und über blühenden Sträuchern, im Schatten von Agaven und Palmen, kommt einem unwillkürlich die Vorstellung vom Garten Eden in den Sinn. Ein wahres Paradies! In einer kleinen Halle wird köstlicher Ananaslikör verkauft, dem wir sehr zusprechen.

Weiter geht die Fahrt, durch eine Landschaft, die sehr an die Heimat erinnert, zu riesigen Kraterseen, dem Lago do Fogo und Lago de Furnas. Unser letztes Reiseziel sind die Caldeiras, heiße Schwefelquellen. Aber der H2S-Geruch vertreibt uns bald wieder. Nach 7.00 Uhr abends kommen wir wieder nach Ponta Delgada zurück. Als wir aussteigen hat jeder an seiner weißen Bluse ein Andenken an die schöne Busfahrt. Da die Backschafter uns im Stich gelassen haben, versuchen wir an Land irgendetwas Essbares zu finden.

Caldeiras—Furnas S. Miguel-Açores

Aber heute ist Feiertag in Portugal *[Fest auf den Azoren: „Senhor Cristo dos Milagres"- Christus, Herr der Wunder]* und wir haben kein Glück. In einer der Kanakerkneipen lassen wir uns die Schuhe putzen. Von einem Händler erstehe ich nach langem Handeln zwei buntgewebte Tischdecken für einen verhältnismäßig günstigen Preis.

„See der sieben Städte"

Frische Brise, 28./29.05.62
Dort feiert man ein Stadtfest. Jubel, Trubel, Heiterkeit. Lobsteressen, Ananasdüfte, Schwefeldünste heißer Quellen, Bergseen, Tintenfischgerichte. Im Eilzugtempo über São Miguel. Auslaufen. Draußen Wiedersehen mit den Auslandsfregatten „Graf Spee" und „Hipper".

„Auf São Miguel haben Ziegen grundsätzlich Vorfahrt.
Photo Waßmuth

Weychardt: Der Vorposten Europas

Montag. 28. Mai 1962. „Land in Sicht“. Die Azoren lagen vor uns, der Vorposten Europas. Unser letztes großes Erlebnis. Bei steifem Wind hatten wir uns in kürzester Zeit bis zur Hafeneinfahrt von Ponta Delgada vorgearbeitet. Alles in dieser Stadt erinnerte mich an Funchal auf Madeira. Diese atlantischen Inselhafenstädte schienen alle nach demselben Prinzip gebaut zu sein. Während wir uns die „Paradegeige weiß“ anzogen, wurde über die Toppen geflaggt, da wir am Festtag eines Heiligen eingelaufen waren. Die Inselrundfahrt führte uns durch die Idylle São Miguels, der azorischen Hauptinsel. Das schönste Fleckchen Erde, das ich auf dieser Segelfahrt gesehen hatte. Vorbei an riesigen Talkesseln und subtropischen Wäldern, heißen Quellen, fruchtbaren Äckern und fröhlich winkenden Menschen. In einem einheimischen Lokal in Ponta Delgada ließen wir den Abend mit einer gewaltigen Languste und einem portugiesischen Brandy ausklingen.

112

Dienstag, 29.05.62

Von 9.30 Uhr bis 13.00 Uhr können wir nochmals an Land. Auf der Suche nach irgendwelchen Souvenirs stoßen wir schließlich auf ein Filigrangeschäft, in dem es bezaubernde Sachen zu kaufen gibt, alles in Silber und Gold. Schnell noch ein paar Ansichtskarten und ein Gläschen Vino und dann ist die Zeit schon wieder um. Wir müssen an Bord zurück. Einige Händler haben mit ihren Kähnen an unserer Bordwand angelegt und mit langen Leinen werden noch Tischtücher, Körbe und Weinfässer an Bord gehievt.

Vollzähligkeitsmusterung … Leinen los … Ein starker Wind drückt uns an die Pier und es dauert eine Zeit lang, bis wir davon frei kommen. Enter auf! Ein letztes Winken und dann treibt uns der Wind wieder aufs Meer hinaus.

„Zwei Kriegsschiffe recht voraus!" Es sind unsere beiden Fregatten „Hipper" und „Graf Spee", an denen wir stolz vorbeisegeln. Wir haben die beiden Fregatten schon fast wieder aus den Augen verloren, als die „Hipper" mit qualmendem Schornstein langsam aufkommt. In Rufnähe läuft sie eine Weile neben uns her. Auf der Brücke entdecken wir endlich „Papa Obermüller" und alte Erinnerungen an Glückstadt werden wieder wach. Dann dreht die „Hipper" wieder ab und wir kämpfen uns durch die stürmische See Richtung Heimat. „Hipper" und „Spee" haben auch eine lange Reise hinter sich. Sie sind bereits Anfang Februar aus Kiel ausgelaufen und haben auf ihrer Fahrt ganz Südamerika umrundet. Nach den Azoren wollen sie noch Irland anlaufen.

***Weychardt:** Doch bereits am Dienstag verließen wir den Garten Eden wieder. Das Ablegemanöver aus dem Hafen war nicht leicht, da der Wind das Schiff auf die Pier drückte. Nach langem Kampf und einer gebrochenen Spring verließen wir den Hafen von Ponta Delgada unter Segeln, den Schulfregatten HIPPER und GRAF SPEE entgegen, mit denen unsere Vorcrew hier am Ende ihrer Südame-*

rikareise den vorletzten Hafen anlaufen sollte. Mit der HIPPER – das wusste ich schon – würde ich noch in diesem Sommer nach Westafrika reisen. Aber, dass ich vier Jahre später auch noch rund um Südamerika fahren sollte, war nicht einmal in den Sternen zu lesen. Die GRAF SPEE folgte uns dann ein Stück und nach diesem Rendezvous ging es mit Kurs 065° Richtung Heimat.

Zeichnung Waßmuth

Homeward bound
30. Mai bis 15. Juni 1962

Mittwoch, 30.5.62

OLt Herpich macht Unterricht über die Seeschifffahrtsstraßenordnung. Er behandelt die Lichterführung von Schleppern, die im Schießgebiet Scheiben schleppen, von Baggern, die sich im Fahrwasser befinden und allgemeine Warnsignale. Danach erzählt uns der Smadding etwas über die Aufgaben des Oberbootsmannes.

114

Nachmittags schreiben wir unsere erste Winkerarbeit, einen englischen und einen deutschen Text.

Frische Brise, 30.05.62
Stürmische Tage und Nächte. Kurs Nordnordost – auf jeden Fall :
Kurs Heimat!

Und einer denkt an den heimatlichen meerumschlungenen Strand – und viele andere denken mit:

Jens Jensen liecht in Dünengras
He smökt 'n Piep und denkt sik was.
Wat he sinniert ? Wer schall dat weeten ?
Villeicht vun'n Seiln, villeicht vun'n Eeten.

De Sunn schient warm vun'n blauen Heven.
De Welt is scheen, man freit sik even.
Doch jüst ward seine Ogen rund.
Du kann's mi glauben, dat hett sein Grund.

So twischen Strandhaber half versteckt
hat he 'ne Badenix entdeckt.
Ok dusse hübsche Städterin
genießt den scheunen Sunnenschien.
Doch nich as dat bi uns so üblich,
wi öberlevert un so schicklich,
sunnern as in'n fernen, hetten Afrika.
Bi uns nennt sik dat FKK.

Mit eenen stillvergnögten Grienen
süüt Jens de Maid in'n Sande liegen.
Nu springt se op, dat eere Busen wogen,
uns Fründ verschlüßt verzückt de Ogen.

Und as se em den Achtersteven wiest,
war em de Sok ok nich vermiest.

He kann sik garnich öbersehn,
as se sik herzhaft reck und drehn.

Se dreiht sik um und löppt tu'n Strand;
Jens Jensen fällt de Piep in's Sand.
Mit eenen kummervollen Seufzen
siet he se in de Floot entweeken.

Jens Jensen liecht in'n Dünengras.
He smökt 'n Piep un denkt sik wat.
Wat he sinniert ? Wer schall det weet'n ?
Villeicht vun'n Seiln, villeicht vun'n Eeten...

(Gola)

Donnerstag, 31.5.62

Christi Himmelfahrt – Vatertag: „Ich gehe hin, um Euch beim Vater einen Platz zu bereiten!" Welche große Hoffnung beinhaltet diese Aussage Christi für uns und wie gleichgültig stehen wir all dem gegenüber. Wir haben einen Vatertag daraus gemacht. Unser augenblickliches, leibliches Wohl ist uns wichtiger als an das Morgen zu denken, daran zu denken, was sein wird, wenn … Prost, wir haben ja Vatertag . „L' homme est un apprenti, la douleur est son maître. Et nul ne se se connaît tout qu'il n'a souffert !" *[„Der Mensch ist ein Lehrling, der Schmerz ist sein Meister und niemand kennt sich selbst, bis er gelitten hat". Alfred de Musset, in: Die Oktobernacht, 1837]*

Weychardt: *Donnerstag, 31. Mai 1962. Der Wind wehte ungünstig. Wir mussten immer wieder auf 60° abfallen und bei 40° lag die Einfahrt zum Englischen Kanal. Noch 16 Tage bis zum Tag „Null".*

Freitag, 1. Juni 1962

Während der Vormittagswache üben wir uns an Deck im Winkern.

Nachmittags schauen wir uns zuerst den Stockanker und den Schweinsrücken auf der Back an und sprechen dabei die Ankermanöver durch. Hernach schreiben wir unsere erste Morseprüfung. Der Mut zur Lücke, von dem bei uns im Geschichtsunterricht viel gesprochen wurde, ist mir noch nicht verloren gegangen. Im Anschluss daran schreiben wir gleich noch eine Korporalschaftsarbeit über rein seemännische Fragen und solche, die das Schiff betreffen. Dann berichtet OBtsm Dutschke über das Schleppen und Geschlepptwerden, und OMt Jörn über die Aufgaben des Versorgungsunteroffiziers.

Um 19.00 Uhr machen wir mit beiden Wachen die Segel fest. Der Geistertopp spukt wieder …

Zeichnung Waßmuth

Samstag, 2. Juni 1962

Der Vormittag vergeht mit dem üblichen Großreinschiff. Nachmittags bei der Wache finden sich endlich mal vier Bajuwaren zu einem vernünftigen Schafkopf zusammen.

Der Wind steht heute günstiger und die Segel bleiben stehen. Das beschert uns eine einmalige Hundewache mit Regen, Kälte und was so dazugehört.

Sonntag, 3. Juni 62

Das für heute angekündigte Atlantik-Sportfest, das schon einmal verschoben wurde, fällt endgültig aus – die See ist zu grob! Aber der Kaffee und Kuchen, den es nachmittags gibt, schmeckt uns deshalb genauso gut.

Weychardt: *Sonntag, 3. Juni 1962. Seegang und Geschaukel waren gewaltig. Vielleicht sollten wir nun doch nördlich um Schottland herumsegeln. An Oberdeck war „Anzug Ölzeug" befohlen und das geplante Sportfest fiel aus. Das holten wir dann bei ruhigerem Wetter am Freitag vor Pfingsten nach, nachdem wir die schottische Küste nach der Passage durch den Pentland Firth verlassen hatten. Am Samstag vor Pfingsten kam die norwegische Küste in Sicht. Es schneite.*

Montag, 4. Juni 62

D.a.B., Dienst an Bord, darüber hören wir von OLt Herpich einige interessante Sachen. Über das Grüßen von Vorgesetzten, bei Flaggenparaden, wie es sich mit Seitepfeifen verhält und anderes über das Bordzeremoniell. Anschließend üben wir im Kettenkasten das Pfeifen mit der Bootsmannsmaatenpfeife.

Unser heutiger Standort: 48° 57' N / 17° 14' W liegt unweit vom Grab unseres bekanntesten Schlachtschiffes „Bismarck" (41.700 ts). Bei der Abendronde spricht der I.O. KKpt von Witzendorff darüber. Die erst Anfang 1941 in Dienst gestellte „Bismarck" lief im Mai des gleichen Jahres aus Bergen aus, um im Atlantik Handelskrieg zu führen. Der Verband bestand aus dem SK „Prinz Eugen" und dem Schlachtschiff „Bismarck" und wurde von Admital Lütjens geführt. In der Dänemarkstraße wurden sie von den beiden alten englischen SK „Norfolk" und „Suffolk" entdeckt, die sich als

Fühlungshalter dranhängten und andere britische Einheiten verständigten. Am 24. Mai nun stießen unsere Schiffe auf die „Hood", das damals größte Kriegsschiff der Welt mit 42.100 ts und die „Prince of Wales". Aber nach einem Gefecht von 20 Minuten flog die „Hood" in die Luft und die „Prince of Wales" drehte schwerbeschädigt ab. Aber auch die „Bismarck" hatte drei Treffer erhalten und einen davon in den vorderen Treibstoffbunker. Das veranlasste Admiral Lütjens, die „Prinz Eugen" zu entlassen und selbst mit der „Bismarck" zu versuchen, Brest zu erreichen. Es gelang auch, die Engländer abzuschütteln, aber Churchill befahl, die „Bismarck" mit allen Mitteln zu stellen und zu vernichten, um die Schlappe wieder auszuwetzen. – Der von Gibraltar kommende Flugzeugträger „Ark Royal" entdeckte mit seinen Flugzeugen die „Bismarck" und einem Torpedoflugzeug gelang es, einen Treffer in der Ruderanlage zu erzielen. Die „Bismarck" war steuerlos! Nun konnten die von allen Seiten herbeieilenden britischen Einheiten – insgesamt 27 – das steuerlose Schiff einkreisen und das Scheibenschießen beginnen. Die „Bismarck" wehrte sich tapfer bis zur letzten Granate, aber den Engländern gelang es nicht, die „Bismarck" zum Sinken zu bringen. Erst zig Torpedofächer, aus nächster Nähe abgeschossen, besiegelten das Schicksal des waidwunden Schiffes. Am 27. Mai sank sie mit wehender Flagge, dem größten Teil der Besatzung mit in die Tiefe nehmend, 500 sm nordwestlich von Ouessant.

Dienstag, 5.6.62
Mit einer Durchschnittsgeschwindigkeit von 11,1 kn fahren wir in diesen 24 Stunden ein Etmal von 266,2 sm, ein Etmal, von Schiffen dieser Klasse noch nie erreicht.
Den „Flieger", den wir anfangs auch gesetzt haben, müssen wir wieder wegnehmen, denn die übergroße Belastung bringt die Vorstenge gefährlich ins Wanken.

Außerdem überschritten wir heute die 1.000 Meilengrenze. Das ist Grund genug für ein „Besanschot an", was wir abends gebührend feiern.

Frische Brise, Juni 1962

Kurs auf westirische Küste. Es wird nördlicher und kältlicher. Aber wir machen Rekordfahrten. Erreichen nie dagewesene Etmale und versaufen im „Besanschot an!".

Mitwoch, 6.6.62

Es scheint, als ob auch das Schiff auf dem schnellsten Weg nach Hause möchte, denn wir übertreffen unser gestriges Etmal um 25 sm. Das heutige Etmal ist 281,3 sm. Es ist eine „Lust, zur See zu fahren", könnte man in Abwandlung eines Stückes von Ulrich von Hutten sagen. *[„Oh Jahrhundert! Oh Wissenschaften! Es ist eine Lust zu leben." Brief an Pirckheimer, 15.12.1518]*

Donnerstag, 7.6.62

Seit morgens 02.00 Uhr ist Land in Sicht. Es sind Inseln an der nordwestlichen Küste Schottlands. Immer wieder stoßen wir auf Fischer und fahren deshalb zusätzlich mit Piquet-Wache. Um 16.00 Uhr erreichen wir den Eingang vom Pentland Firth, den wir mit aufgegeiten Segeln und mit Motor durchlaufen.

Wir erhalten Erlaubnis zum Fotographieren und FKpt Engel erzählt uns über die Bedeutung dieser gefährlichen Durchfahrt und die benachbarten Orkneys mit Scapa Flow.

Dort versenkte sich am 21. Juni 1919 auf Befehl von Admiral v. Reuter die deutsche Hochseeflotte, die sich die Engländer auf Grund des Versailler Vertrages *[der am 28. Juni unterzeichnet wurde]* aneignen wollten. Im ersten wie im zweiten Weltkrieg war Scapa Flow das Ziel deutscher U-Boote. 1918 ging OLzS Emsmann mit seinem Boot bei dem Versuch, in den Kriegshafen einzudringen, verloren *[Verlust UB-116 durch Minentreffer]*.

Am 14.10.1939 gelang es KptLt Prien mit U-47 unbemerkt in den Flottenankerplatz der Engländer einzudringen. Die Homefleet hatte leider tags zuvor Scapa Flow verlassen und es lagen nur noch die „Royal Oak" und die „Repulse" da. Beim ersten Torpedofächer explodierten nur die Torpedos, die auf die „Repulse" abgeschossen waren. Prien legte auf Grund und ließ nachladen. Der zweite Angriff hatte mehr Erfolg. Alle drei Torpedos trafen ihr Ziel, die „Royal Oak" versank vor den Augen der Engländer. Trotz der gegenan stehenden Strömung erreichte Prien die freie See und die Heimat. -

Abends setzen wir wieder Segel.

„Ausguck auf der Back". Zeichnung Waßmuth.

Frische Brise, 07.06.62

<u>Pentland Firth!</u> *Nordspitze Schottland – Südküste Orkney, Scapa Flow. Geschichte steht auf. Flaute – und weiter unter Motor. Blutrot geht die Sonne unter, das Meer liegt da wie flüssiges Silber. „Auf der Back ist alles wohl. Die Laternen brennen . . . !"*

Freitag, 8.6.62

Die sonst gefürchtete Nordsee liegt da wie ein Ententeich. Das verleitet den Kommandanten, nun endlich das Sportfest – Nordseesportfest – abzuhalten. Mittags ist das Mitteldeck wie verwandelt. Bunte Flaggen hängen am Leichenfänger, eine Hindernisbahn ist aufgebaut und der Stamm trägt Roten-Gorch-Fock-Dress. Den Hindernislauf gewinnt der Stamm, das Talgmopsessen unsere Wachhälfte. In einer großen Balje, die mit Seewasser gefüllt ist, schwimmen Kerzenstücke, die nur mit dem Mund gefischt werden dürfen – es wird ein wüster Kampf. Ähnlich wird das Puddingessen. Zwei Mann sitzen sich mit verbundenen Augen gegenüber und füttern sich gegenseitig mit Schokoladenpudding – ein wüstes Geplantsche. Die beiden Boxkämpfe im Mittel- und Schwergewicht endeten unentschieden.

Anschließend führt die Stb. II einen netten Seeräubersketch vor. Beim Tauziehen am Schluß wurden wir zweite. Das unter Leitung von LtzS Steskal stehende Sportfest ist vom I.O. und OMt Pohl gut konferiert worden. Den Abschluss des Festes bildet das Kaffeetrinken der gesamten Besatzung an Oberdeck. Ich komme dabei neben dem Kommandanten zu sitzen, mit dem ich zusammen eine gute Zigarre rauche – meine erste seit Auslaufen Kiel.

Frische Brise, 08.06.62 Nordseesportfest!

Einzug der Teilnehmer auf Mitteldeck. Zündende Worte des Kommandanten. Auf den Jollen, in den Wanten sitzen, hängen, stehen und liegen die Zuschauer. Startschuß! Das Mitteldeck wird zur Arena, das Vorschiff zur Rennstrecke, Bänke und Backen zu Hürden. Das rennt und rast und entert auf und nieder, das hastet und klettert und rutscht und hüpft im Sack, daß es nur so eine Pracht ist. Wahrer Kampfgeist wächst empor und feiert seine Triumphe, angeführt vom rasenden Reporter, dem I.O.

Ring frei zur ersten Runde ! Wackere Kämpfer dreschen sich auf Nase, Kinn und Schlüsselbeine, landen auch mal einen „Unerlaubten". Einer geht in die Knie, strauchelt . . . Da, wahres und hohes Lied der Kameradschaft, schon eilt sein Gegner hinzu, ihn aufzurichten – dafür kriegt er gleich einen Haken verpaßt. Aber wer wird hier kleinlich sein, wo es ums Große geht, um den Sieg im Ring.

Gong ! Man wedelt Luft in die Hose, gibt Ratschläge. . . .

>*2. Runde -*

>*3. Runde -*

Beide haben sich wacker geschlagen, es gibt kein k.o., geschwollene Nasen haben beide . . . Nächste Nummer, und die nächste und wieder die nächste. . . .

Tauziehen. Hier triumphiert einzig die Kraft. Und die Kraft ist es auch, die Charlie's Hose sprengt, erst ein wenig; dann beim zweiten Mal weit hörbar, laut, fast schmerzhaft reißend. Kichern auf der Prominententribüne. Verschämter Rückzug Charlies in die O-Pantry. (Die neue Hose ist zwar ganz, aber keineswegs sauberer!)

Und dann tafelt das Volk. Kakao und 2 Stück Kuchen. Das Mitteldeck wird zum gemütlichen Gartenlokal, nur Bäume und Büsche fehlen. Ehrung der Sieger. Hurrah, Hurrah, Hurrah!

Und dann kommt als Höhepunkt: Ernst, der als einziger von all seinen Brüdern, die Otto heißen, Paul heißt (oder war es umgekehrt – ich weiß es nicht mehr). Lachsalven hallen über die Decks. Und zuletzt die Stimme des BdW, der wieder Ordnung schaffen lässt. Das Schiff wird wieder zum Schiff.

Morgen haben wir die südnorwegische Küste querab, dann Skagen, den Belt. Und Kiel liegt immer noch nahe Friedrichsort.

(Dr. Naumann)

1.) Hindernislauf	*Gefr. Hauk, HptGefr. Meier (Stamm)*
2.) Wetthangeln:	*OGefr. Gafron (Backbord II)*
3.) Garnstropp:	*OGefr. Maiwald (Backbord II)*
4.) Tauziehen:	*Mannschaft Steuerbord II*
5.) Talgmops:	*Gefr. (OA) Pühl (Steuerbord I)*
	OGefr. Nagel (Backbord I)
6.) Pudding-	*OGefr. Jungmann, OGefr. Palms*
Wettessen:	*(Backbord I)*
7.) Boxen	*OGefr. Krämer (Stamm),*
Mittelgewicht:	*Gefr. Döninghoff - unentschieden -*
Schwergewicht:	*Gefr. Bösenkötter (Stamm),*
	Gefr. Stute - unentschieden -
Einlagen:	*Gefr. (OA) Opitz (Stb. I).*
	Die Piraten der Steuerbord II
	und Herr K ö r n e r !

Samstag, 9.6.62

Bei Gott und der Marine ist nichts unmöglich. So machte der I.O. aus dem Samstag einfach Pfingstmontag! Denn den richtigen Montag brauchen wir zum Pönen.

Gegen Mittag kommt Backbord voraus die Norwegische Küste in Sicht. Es ist das gleiche Bild, als wenn man bei Föhn München in Richtung Süden verlässt. Dass noch Schnee auf den Gipfeln liegt, lässt es für mich besonders verlockend erscheinen.

Abends fahren wir mit dem Jockel nordwärts, um einer Nebelbank auszuweichen und um nach Wind zu suchen.

Sonntag, 10. Juni 62

Pfingsten – komm Hl. Geist auf uns herab. Und er kommt, aber anders als wir es erwarten. Dem I.O. gefällt bei der Musterung unsere Uniform nicht. Um uns auf Vordermann zu bringen, kommen wir deshalb in den Genuss einer „Flagge Luzie" *[Signal für Anzugswechselzur Übung].*– das erste Mal, seit ich bei der Buma

[Bundesmarine] bin Aber, das kann doch einen Seemann nicht erschüttern ...! Eine leichte Brise treibt uns an der Küste Südnorwegens entlang.

Montag, 11.6.62
Heute kommt der versprochene Wind und guter Wind treibt uns um Skagen herum. Die Fahrrinne und der fast schrale Wind zwingen uns dazu, mit einer ganzen Wache zu fahren: 8 - 12 und 4 – 8 Wache. Die dänische Küste bzw. die Inseln bleiben andauernd in Sichtweite. Aber da es hier im Norden die ganze Nacht hell ist, fällt uns die Wache nicht gar zu schwer und wir können mit offenen Klüsen fahren.

Dienstag, 12.6.62
Mit Riesenschritten geht's nach Hause. Vormittags erreichen wir sogar zeitweilig eine Geschwindigkeit von 19,2 Knoten, einschließlich 2 kn Strömung.
Gegen Mittag ertönt von der Back her der langersehnte Schrei: „Laboe in Sicht!" Nach 85 Tagen endlich wieder in Deutchland! Das Segelfestmachen fällt da besonders leicht. Während der Kommandant das Schiff heil in den Stall – in die Eckernförder Bucht – hineinbringt, bereiten wir uns auf die Besichtigung vor. 16 Uhr: „Fallen Anker!" Nachts über haben wir Hafenwache, eine Seemeile von der Küste entfernt.

Weychardt: „Weiß ist das Schiff, das wir lieben"
Dienstag, 12. Juni 1962 Wir segelten im Kattegat auf südlichem Kurs mit 15,5 Knoten durchs Wasser und 19 Knoten über Grund – ein neuer Rekord. Gegen Mittag kam Laboe in Sicht. Die Fregatte GNEISENAU *begrüßte uns. Wir machten die Segel fest und gingen in der Eckernförder Bucht vor Anker. Das Schiff musste wieder herausgeputzt werden. Die* GORCH FOCK *sollte ja dem neuen Lied „Weiß ist das Schiff, das wir lieben..." (Text und Melodie von un-*

Mittwoch, 13.6.62
Eckernförde vor Anker!
Vormittags werden die Besichtigungsrollen verteilt. Meine Korporalschaft tritt am Steuerbordkutter an. Thema: Blockwerk und seine Behandlung. Beim Offizierunterricht wird der Meteorologe zu
uns kommen.
Dann geht's los mit dem Großreinschiff. Es ist wieder das alte Bild
wie vor jedem Hafen: überall wird gepönt und geputzt. Abends ist
unser Bordfest. Lt. Giese und unser Maat sitzen bei uns an der
Back. Das Bier scheint allen recht gut zu munden und Stimmung
kommt auf. Als gegen 24.00 Uhr dann die ersten herumliegen,
wird „Klar bei Hängematten!" gepfiffen.

Donnerstag, 14.6.62
Unser „Dampfer" erhält seinen letzten Schliff – ich bin wieder
Außenbordsreiniger für einen Tag.

Zeichnung Waßmuth

126

Freitag, 15.6.62
Gegen 9.00 Uhr kommt Flottillenadmiral von Blanc an Bord und
macht zusammen mit unserem Kommandanten die Besichtigung.

Weychardt: *Freitag, 15. Juni 1962*
Einlaufen in Kiel unter Vollzeug bei Kaiserwetter. Die Blücher-
brücke, die während unserer Reise fertig geworden ist, kann die
Menschenmassen nicht fassen. Das Hindenburgufer ist gesäumt
von tausenden Schaulustigen. Das Marinemusikkorps Ostsee spielt
flotte Weisen. Eltern, Freundinnen, Ehefrauen und Kinder winken
und schließen ihren Liebsten in die Arme.
Mich erwartete niemand.

„Letzte Nacht an Bord". Zeichnung Waßmuth.

„Gorch Fock" zur Kieler Woche wieder im Heimathafen

Das Segelschulschiff „Gorch Fock" die weiße Dreimastbark der Bundesmarine, traf gestern nach fast dreimonatiger Auslandsreise wieder im Kieler Hafen ein. Die Bark hat 11 502 Seemeilen zurückgelegt und New York besucht. Unter dem Jubel einer großen Menschenmenge machte die „Gorch Fock", die unser Bild gestern beim Einlaufen in ihren Heimathafen Kiel zeigt, um 17 Uhr an der Blücherbrücke fest.

Courier-Foto

128

Sie waren Seeleute und sie fühlten sich auch als solche. Als das Schiff ablegte, verzog niemand eine Miene (aus Angst, seine Gefühle zu zeigen!), doch auch ihre Herzen waren die von Menschen. Wieviele hatten an der Pier Eltern, Brüder und Bräute zurückgelassen. Doch sie waren hart. Abschiedstränen hatten ihre Lieben vergossen, als sie militärisch straff an Bord gingen. Ihre Gesichter blieben unbewegt. – Später im Deck spricht man nicht mehr viel davon. Man erzählt sich gegenseitig, was für ein harter Bursche man doch ist. Der Bierverbrauch wurde nur in Litern gerechnet, der Verbrauch (sie möchten fast sagen: Verschleiß !) an Frauen in Dutzenden. Ja, so waren sie!

Doch in den kurzen Pausen während des Dienstes sind ihre Gedanken daheim und sie schicken sie heimlich zurück. In den ersten Tagen ist der Dienst hart und man kommt nicht viel zum Grübeln. Und nach kurzer Zeit haben sie es auch überwunden. Sie sind wieder die „Alten", die in den Mittagspausen Karten spielen, Bier trinken und sich derbe Späße erzählen. Sie scheinen sich wohl zu fühlen und sie lachen darüber, wenn sie angebrüllt werden. Sie sind schon Kerle! Die Arbeit oben auf der Rah macht ihnen Spaß, denn sie ist gefährlich und man muß schon höllisch aufpassen, um sich nicht zu gefährden . . . Den Unterricht an Deck dagegen nehmen sie nicht ganz ernst.

Beim abendlichen Singen schweifen ihre Gedanken weit zurück, dorthin, woher sie gekommen. Sie versuchen diese Gedanken durch rauhen Gesang zu vertuschen. Abends sitzen sie dann an Deck. Sie werden wie von selbst still, wenn der Mond am Himmel auftaucht und das Schiff in sein geisterhaftes Licht hüllt. Mit offenem Herzen nehmen sie die Schönheiten dieser Fahrt in sich auf.

Langsam leert sich dann das Deck. Einer nach dem anderen verschwindet, um Schlafen zu gehen. Denn die Tage sind lang und die Hitze macht müde. Nur die Wache ist noch an Deck.

So vergeht ein Tag nach dem anderen an Bord. Schließlich nähert man sich dem ersten Hafen. Voll Spannung vergehen die letzten Tage und dann ist es soweit. Alles strömt an Land. . . .
Den schalen Geschmack und den schweren Kopf am nächsten Morgen tragen sie als echte Seeleute.

Wieder Abschied! Und wieder Meer – und wieder Seealltag! Und seltsam, das Schiff, das sie anfangs verflucht hatten, beginnen sie zu lieben. Sie freuen sich, wenn die Segel voll stehen und wenn das Schiff flotte Fahrt macht. Sie sind stolz, dieses Schiff zu fahren. Aber sie geben es nicht zu, ebenso wenig, wie sie den Abschiedsschmerz nicht zugeben. Sie tragen ein gleichgültiges Gesicht, und fluchen lieber einmal mehr als nötig . . .

So fahren sie Tage und Wochen und Monate über den Ozean und jeder bringt ihnen etwas anderes. Dann wird ein anderer Hafen kommen: Und vielleicht noch ein dritter. Und wieder Abschied!

Und sehr viel später – aber daran denken sie jetzt noch nicht! Und doch werden sie sehr viel später wieder ihren Eltern, Geschwistern und Bräuten gegenüber stehen – und werden wieder die alten sein! Ja, so sind sie!

(Gefr. OA. J. Kries)

Rückblick : Meine Reise mit der „Gorch Fock"

von Wolfgang Wagenknecht

In unseren Logbüchern schreiben wir den zweiten Mai 1962. Wir schwimmen im Atlantik, irgendwo zwischen den Bermudas und dem amerikanischen Festland. Die See ist glatt wie der Aueteich bei uns in Kassel – nur die Schwäne sind nicht zu sehen. Aber eine mächtige Dünung hebt die „Gorch Fock" elanvoll hoch und lässt sie sacht zurücktauchen. Und wenn man schon meint, das Achterschiff versinken zu sehen, fängt die Dünung es mit sanften Händen wieder auf. Der Wind ist eingeschlafen, die Segel hängen schlaff herab, und die Sonne liegt breit auf dem blanken Deck.

Unsere Reise ist nicht immer so idyllisch gewesen – und der Wettergott nicht immer so friedlich. Als wir im März aus unserem Heimathafen Kiel ausliefen, waren die Bäume schwarz und kahl. Unsere ersten Segelmanöver fanden in Eis und Regen, die morgendlichen Hängemattsmusterungen im Schneetreiben statt. Am Ausgang des Englischen Kanals empfing uns ein kräftiges Sturmtief, das uns tagelang den Weg nach Süden versperrte. Die Seekrankheit griff um sich, willkürlich und rücksichtslos; selbst jene, die sich frei davon wähnten, suchten unrühmliche Zuflucht im Wassergraben. Dann, nach zwei Wochen, eine kurze Pause auf Teneriffa: offene Restaurants mit Schatten spendenden Markisen, buntprächtige Straßenläden mit lauthals schreienden und gestikulierenden Händlern, ordengeschmückte Hüter der Ordnung in phantasievollen Uniformen und barfüßige Zeitungsjungen in zerrissener Kleidung; schattige Plazas mit üppigen Brunnenfiguren, nie erlebte Blumenpracht in Farben, für die es gar keine Bezeichnung gibt, plärrende Musiklautsprecher, grelle Neonlichtreklamen -- und dann wieder endlos weite, blaue See.

Am Rande eines ausgedehnten Azorenhochs segeln wir, einen großen Bogen nach Süden beschreibend, auf die untergehende Sonne zu.

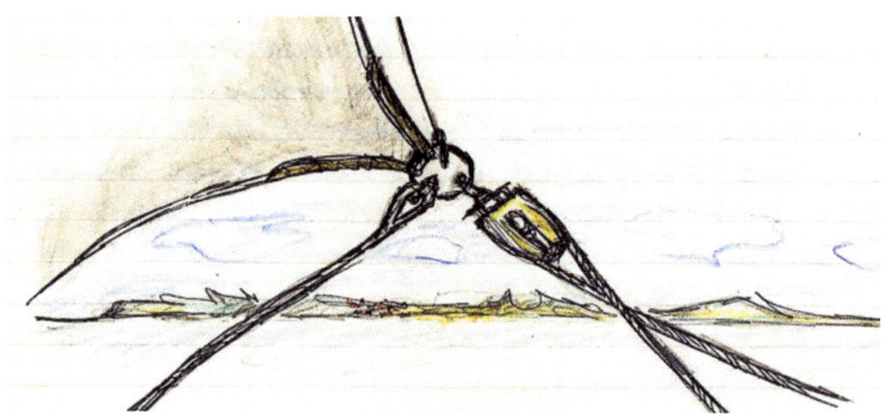

Die Tage vergehen, einer nach dem anderen, und sie unterscheiden sich in nichts: Wache, Segelmanöver, Unterricht und wieder Wache. Ein verirrter Vogel, der sich erschöpft im Topp ausruht, oder ein Walhai, der einen Tag lang neugierig unser Schiff verfolgt, unterbrechen diesen Rhythmus. Aber so plötzlich, wie sie gekommen sind, verschwinden sie wieder, und der Dienst geht im alten Trott weiter. Bis eines Tages wieder etwas Unruhe in unser Bordleben gebracht wird. „Flugzeug Steuerbord querab!" meldet der Ausguck gegen Mittag. Und wirklich, ein Wasserflugzeug der amerikanischen Coast Guard taucht im Osten über der Kimm auf und kommt in tiefem Anflug immer mehr auf uns zu. Schon können wir den Piloten in der Führerkanzel erkennen. Er zieht zwei kühne Kreise um unser Schiff, winkt uns zu und verschwindet dann in Richtung auf die Küste.

Diese erste überraschende Begegnung mit Amerika rückt das Ziel unserer Traumreise plötzlich in greifbare Nähe, und wenn wir es bisher noch nicht gewagt haben, so dürfen wir uns jetzt endlich mit der Vorstellung vertraut machen, in wenigen Tagen die größte Stadt der Welt zu sehen. Die Vorbereitungen für unseren Besuch werden immer energischer vorangetrieben. Das ganze Schiff ist in Unordnung. Überall glänzt und blitzt es, nirgendwo darf man ungestraft hinfassen, alles klebt von frischer Farbe. Auf Kanthölzern kniend bearbeiten wir das Deck mit „Gebetbüchern" (Steinen), Wasser und Sand.

Die See um uns herum verfärbt sich. Aus dem tiefen Blau wird ein dunkles, unheimliches Grün. Immer mehr Schiffe kommen uns entgegen und verschwinden wieder im Dunst. Düsenklipper, Hubschrauber und moderne Verkehrsmaschinen überfliegen uns. Dann ist plötzlich an Backbord die Küste zu sehen, und bald tauchen auch voraus am diesigen Horizont die Schemen des Empire State

Building und der Hochhäuser der Millionenstadt auf. Wir sind dauernd an Oberdeck, wagen auch in der Mittagspause kaum, nach unten zu gehen aus Angst, etwas zu verpassen. Gegen 1300 Uhr werden beide Wachen zum Manöver gepfiffen. In kurzen Abständen fahren wir Wende um Wende und kreuzen so immer näher an das Ambrose-Feuerschiff heran, das die Einfahrt in die Gravesend-Bay kennzeichnet. Um 1500 Uhr ist der Lotse an Bord – sein Kennzeichen, eine Feder des Pilotvogels, am Hut – und bringt die „Gorch Fock" an ihren Ankerplatz. Fünfundvierzig Tage, nachdem wir aus Kiel ausgelaufen sind, liegen wir vor New York! Als die Dämmerung fällt, sitzen wir in der Mars-Saling und sehen auf Coney Island die Lichter angehen. Wie Ameisen hasten die Autos vor den rostroten Häuserblocks auf der Uferstraße entlang.

Noch drei lange Tage müssen wir uns gedulden – dann endlich laufen wir ein! Bei strahlend blauem Himmel und einer frischen Brise gehen wir am Morgen des 7. Mai ankerauf. Wochenschau-, Fernseh- und Zeitungsreporter an Bord und auf begleitenden amerikanischen Marineschleppern halten jede Phase dieses sogar für den New Yorker Hafen seltenen Schauspiels fest. „Beide Wachen enter auf!" gellt es von der Brücke. Zweitausend Quadratmeter weißen Segeltuchs fallen von den Rahen und blähen sich im Wind, die „Gorch Fock" legt sich leicht über und läuft mit vollen Segeln, an der Freiheitsstatue vorbei, den Hudson aufwärts. Hubschrauber der großen New Yorker Zeitungen fliegen über uns, Frachter zu beiden Seiten dippen die Flagge zum Gruß, und ihre Besatzungen winken uns zu. Von zwei roten Feuerlöschbooten steigen aus jeweils sechs Wasserkanonen 75m hohe weiße Fontänen auf. „Diese traditionelle Begrüßung durch die Stadt New York war ursprünglich nur für Schiffe auf der Jungfernfahrt oder für die Eröffnung neuer Liniendienste bestimmt", sagte uns nachher ein amerikanischer Offizier, „wir ehren damit Besucher, die uns besonders herzlich willkommen sind." Obwohl der Wind aus einer sehr ungünstigen Richtung weht, lässt unser Kommandant, Kpt.z.S. Erhardt, die Segel bis zum letzten Augenblick stehen, ein Manöver, das, wie wir später in den Zeitungen lesen können, wegen seiner Kühnheit in Marinekreisen große Bewunderung hervorruft.

Man hat einen ehrenvollen Liegeplatz ausgesucht für die „Gorch Fock", für das erste deutsche Marinefahrzeug seit 1936, das die Hudson-Metropole anläuft. Die Pier 86 in Höhe der 46. Straße ist sonst der „United States" vorbehalten; neben uns in unmittelbarer Nachbarschaft machen so vornehme Fahrgastschiffe wie die „France", die „Bremen" oder die „America" fest, gegen die sich unser Segler wie ein Spielzeugschiff ausnimmt.

„In diesem Lande lässt sich's wohl sein", soll Hudson, der englische Seefahrer, gesagt haben, als er die Mündung des nach ihm benannten Flusses fand und vom „Land der Verheißung" sprach. Auch wir haben allen Anlass, ihm Recht zu geben. Freikarten für Theater, Kinos, Revuen und Musicals werden uns angeboten, Einladungen in deutsche und amerikanische Familien, zu Festlichkeiten, für Besichtigungen und Rundfahrten regnen auf uns herab! Wir werden keine Langeweile haben in New York!

Da natürlich auch die Pflichten nicht zu kurz kommen dürfen (in zwei Tagen wollen 12000 Besucher das Schiff besichtigen und gezeigt bekommen), bleibt nicht mehr viel Zeit für uns, die Stadt auf eigene Faust zu „entdecken". Und dabei gibt es so vieles zu sehen!

Das imposante Gebäude der Vereinten Nationen, ähnlich wie der Haager Friedenspalast als gemeinsames Werk aller Nationen errichtet. Und die Guides erst, die Führerinnen! Soviel Charme, Schönheit und Intelligenz auf einmal! Mädchen aus aller Herren Länder führen täglich bis zu 25000 Besucher in 27 verschiedenen Sprachen durch die Sitzungssäle!

Macy's, der Welt größtes Kaufhaus, wo man vom Hosenknopf bis zum Düsenjäger fast alles erstehen kann, mit 7 oder 8 Etagen, die durch Rolltreppen miteinander verbunden sind, voller Blumen und südländischer Sträucher, erfüllt von süßem, betäubendem Duft!

Die „Sub", die U-Bahn, verwirrend und schmutzig; Zeitungen liegen verstreut umher und verstopfen die Abfallkörbe.

In Greenwich Village, dem Montmartre von New York, sitzen die beatniks – einheitlich originell mit Bart und Strohhut – malenderweise auf den Gehsteigen.

Da ist St. Patricks Cathedral, eine herrliche Kirche innen wie außen, die ebenso gut in Belgien oder Frankreich stehen könnte, in der 2. Hälfte des 19. Jahrhunderts erbaut, vortreffliches Beispiel gotischer Architektur in USA, von Wolkenkratzern überragt.

Auch wo die Stadt nichts Besonderes bietet, ist sie interessant und fremdartig. Die Avenues auf Manhattan, der Insel, die den Kern

136

der Metropole bildet, laufen in Längsrichtung, die Streets rechtwinklig dazu und beide werden fortlaufend gezählt. Da gibt es die
dunklen Häuser in den Außenbezirken, mit hässlichen Feuerleitern
an ihren Straßenfronten, und gar nicht weit davon die berühmte 5th
Avenue, in der die teuersten der vornehmen Salons liegen. In der
Altstadt haben die Häuser hölzerne Behälter auf den Dächern, die
als Wasserspeicher dienen. Ehemals die größten Hotels, sind sie
heute nur noch Fabriken und verfallene Wohnungen, in denen fast
täglich ein Brand ausbricht.

Und dann das Empire State Building in der 34. Straße, das Bauwerk der Superlative, mit seinen 460 Metern das höchste Haus der
Welt, hat 6500 Fenster, 74 Fahrstühle und 1860 Treppenstufen.
Von dort oben hat man eine herrlich weite Sicht auf die „Meere":
tags den Atlantik, nachts das unbeschreibliche Lichtermeer der
Millionenstadt.

In Höhe der 59. Straße, angrenzend an die 5th Avenue, beginnt der
Central-Park, die Lunge von New York. Fast anderthalb Meilen im
Quadrat erstreckt er sich bis zur 110. Straße und birgt Tiergarten,
Denkmäler und Statuen in sich, ausgedehnte Rasenflächen, Spiel-
und Tennisplätze, Blumenbeete und Sträucheranlagen. Dazwischen trifft man massige Neger-Gouvernanten und Nonnen mit
Scharen von Kindern, altklugen, blassen oder albernen Jungen und
buntgekleideten Mädchen mit phantasievollen Hutgebilden aus
Blumen, Netzen, Früchten und Geflecht auf den Köpfchen. Hin
und wieder eine der Pferdedroschken, etwas zerzauste Kutscher in
abgewetzten Hosen auf den Böcken mit schwarzen hohen Hüten,
im Fond blasiert dreinblickende Damen der Gesellschaft mit überpuderten weißen Gesichtern oder lustige, lautstrahlende Kinder:
kostspielige Entspannung und Ruhe in der lärmenden, nervenaufreibenden Stadt.

In der 86. Straße wohnt ein Großteil der Deutschen in New York. Fast alle Lokale führen deutsche Namen – und warten auf amerikanische Gäste, um ihnen pseudo-deutsche Gemütlichkeit zu verkaufen. Der weise Seemannsspruch bestätigt sich: „Gott schütze uns vor Sturm und Wind – und Deutschen, die im Ausland sind".

Anders die Einheimischen – aber auch unter ihnen gibt es Ausnahmen: „Nice?" fragt mich der Taxifahrer, als ich vom Bordstein aus die Straße hinunter fotografiere; und dann, im Vorbeifahren: „Schweinehund!" Ob es sein einziges deutsches Wort war? Er sollte sich ein schöneres merken.

Die Amerikaner im Allgemeinen beweisen Interesse, mehr als man von sensationsgewohnten Leuten erwarten kann. Sie stehen stundenlang an, um unser Schiff zu besichtigen, oft sprechen sie uns auf der Straße an und fragen uns nach diesem und jenem. Die New Yorker sind freundlich und nett und lassen uns durch Blicke, Gesten, Worte und Taten wissen, dass wir gern gesehene Gäste sind. „You're welcome", sagen sie wie beiläufig, und wir glauben es ihnen.

Der Abschied fiel uns schwer. New York war ein großartiges Erlebnis – just a dream. Am Morgen des 14. Mai, eine Woche, nachdem wir eingelaufen waren, hatte unsere Stunde geschlagen. Mit einem weinenden und einem lachenden Auge (es ging ja nach Hause!) sagten wir der Riesenstadt Lebewohl, verabschiedeten uns nach Marinebrauch mit einem kräftigen „Three cheers" von der Stadt, die wir lieb gewonnen hatten und bedankten uns bei den gastfreundlichen Menschen, die dicht gedrängt und mit bunten Tüchern winkend auf der Pier standen; dann aber rissen uns Pfiffe und Befehle von der Brücke aus unseren Träumen. Die folgenden Segelmanöver nahmen unsere Aufmerksamkeit voll in Anspruch, und ehe wir uns versahen, hatten wir den Hudson hinter uns gelassen und schwammen auf offener See.

Nebel kam und verschwand, genau wie die Skyline von Manhattan. Erinnerung schwand und schwindet noch von Tag zu Tag. Sturm bläst alle trüben Gedanken aus den Köpfen, Regen wäscht alles, was noch an Land und Bequemlichkeit erinnert, von uns ab. Wir sind auf See mit einer Ausschließlichkeit, die Furcht einflößen könnte, wenn man nicht wüsste, dass wieder Land winkt, wohlbekanntes, ersehntes Land.

Nach 32 Tagen kommt an Backbord voraus die norwegische Küste in Sicht – wenn man nur einen Augenblick nachdenkt, erscheint alles Geschehen so seltsam und unglaubhaft. Gestern New York, heute Schottland, Norwegen und morgen vielleicht Kassel, Königsstraße. Man verliert jedes Gefühl für Entfernung und Weite. Plötzlich ist es so einfach, Städte und Länder zu sehen, die vor kurzem noch hoffnungslos fern und unerreichbar schienen. Als säße man in einer Straßenbahn – nur Zeit- und Streckeneinheiten sind ins schier Endlose projiziert.

In der nordischen Nacht, die keine Dunkelheit bringt, gehen wir volle Wache, bis Mitternacht und wieder ab 0400 Uhr. Das dänische Land, das abwechselnd zu beiden Seiten des Schiffes zu sehen ist, weckt

heimatliche, heimische Gefühle. Herrlich grüne, dichte Laubwälder, knallgelbe Rapsfelder und leuchtendrote Dächer. Dann endlich, als wir zwischen Laaland und Langeland hindurch sind: Laboe, das Ehrenmal vor der Kieler Förde, das eigentlich von Anfang an das Ziel unserer Reise war. Wir bleiben nicht mehr lange allein. Plötzlich ist unsere Einsamkeit beendet. Jollen, Boote und Jachten segeln um uns herum, Bäderschiffe begrüßen uns mit Hupen und Winken und Rufen. Und alle sprechen deutsch! Jeder von uns hört es und keiner begreift es: Wir sind tatsächlich zu Hause!

* * *

11.502 sm   75 Seetage   12 Hafentage

Zeitungsberichte
über die Reise der GORCH FOCK
nach New York

aus der Sammlung
Hans-Juergen Heise

Anmerkung:
Namen von Zeitungen und ihr Erscheinungsdatum
sind zum Teil nicht angegeben.

„Gorch Fock" verabschiedet „U 1" in Dienst gestellt

Am Tirpitzhafen herrschte gestern Hochbetrieb

(ck) Gestern herrschte Hochbetrieb im Tirpitzhafen. Morgens, Punkt 10 Uhr, begann es mit der Verabschiedung des Segelschulschiffes „Gorch Fock". Der schneeweiße Segler lief zu seiner bisher längsten Ausbildungsreise aus, die über Santa Cruz/Teneriffa nach New York und zurück führt. Das Marinemusikkorps schmetterte fröhliche Weisen, die Besatzung schickte drei schallende „Hurras" über die Pier, Muttis, Vatis, Bräute und Geschwister ließen die Taschentücher wehen. Dann verliefen sich die Gäste, die erst am 16. Juni die „Gorch Fock" wieder in Empfang nehmen werden.

Für die Musikkapelle gab es eine kleine Verschnaufpause, dann hieß es schon „Fertigmachen zur Indienststellung U 1". Das erste nach dem Kriege für die Bundesmarine gebaute U-Boot sollte übernommen werden. Auf der Pier waren die verschiedensten Uniformen zu sehen — die NATO bietet auch in Marineblau ein buntes Bild. Unüberhörbar war im Gemurmel der Fachgespräche der pfälzische Dialekt: Bürgermeister und Stadträte aus Kehl waren erschienen, um die Uebergabe ihres „Patenkindes", des „U 1", zu erleben.

In: Streiflichter - Informationen für Auslandsschiffe. 4 (1962-04-17) Kiel : Zentrales Marinekommando, 1962, S. 2

„Gorch Fock" geht über den „Großen Teich"

Erster Viermonatslehrgang besucht die Staaten — Wiedersehen mit Teneriffa

(re) Frisch gepönt und „topfit" geht die „Gorch Fock" heute auf ihre neunte lange Reise; auf die bisher längste überhaupt: Durch Umstellungen im Ausbildungsplan werden die rund 200 Offiziers- und Unteroffiziersanwärter vier statt bisher nur drei Monate vor dem Mast fahren. Fast 6000 Seemeilen für Hin- und Rückreise liegen vor ihnen und so viel freie See, daß auch für anspruchsvollste „Langtörnfahrer" keine Wünsche mehr offen bleiben dürften.

Es gibt bekanntlich viele Wege nach Rom — nach New York in der Schifffahrtsregel zwei. Der nördliche ist zwar kürzer, für Segler bei ständigen Gegenwinden aber nicht gerade ideal. „Wir haben die südliche Route gewählt, in der Hoffnung, vom langen Passat heftig etwas abzubekommen", orakelt der Kommandant, Kapitän z. See Erhardt.

Unterwegs wird die „Gorch Fock" in Teneriffa Wasser aufnehmen und das vor drei Jahren abgegebene Versprechen, bald wiederzukommen, einlösen. Um ein dreitägiges Landprogramm, von der deutschen Kolonie auf der paradiesischen Insel vorbereitet, werden die Janmaaten nicht herumkommen.

Für die Reise bis Teneriffa sind 16 Tage ausgerechnet. Nur 18 Tage soll es dann noch bis New York dauern, und wenn dieser Fahrplan eingehalten werden soll, muß der Passat schon helfen. Denn auch in New York wartet eine deutsche Kolonie in der Kopfstärke einer mittleren Kleinstadt, um „ihre" „Gorch Fock" in Empfang zu nehmen. Die amerikanische Oeffentlichkeit wird zur Stunde der Ankunft schon durch einen Fernsehfilm „ins Bild" gesetzt sein. Der Streifen ist vor wenigen Tagen vom Kieler Amerika-Haus an Bord des Schulseglers gedreht worden.

Sieben Tage wird die Bark in New York bleiben. Und dann heißt es „rolling home" in 30tägiger Non-Stop-Reise, um am 15. oder 16. Juni rechtzeitig zur „Kieler Woche" wieder zu Hause zu sein. Der größte Wunsch von Kommandant und Besatzung ist, daß bis dahin der endgültige Liegeplatz an der Blücherbrücke betriebsfertig ist.

Heute morgen um 10 Uhr ist an der Tirpitzmole Abschied und für alle Seemannsbräute die letzte Gelegenheit, mit nassen Taschentüchern zu winken...

Kieler Nachrichten
(1962-03-20)

New York erwartet die „Gorch Fock"

Großer „Hafenbahnhof" vorbereitet — Einlaufen am Montag

(re) Am Montagmorgen (Ortszeit) wird im Hafen von New York am Brooklyn-Kai das deutsche Segelschulschiff ‚Gorch Fock' erwartet! Die größte Stadt der Welt hat sich für diesen ersten deutschen Marinebesuch seit 1936 einen farbenprächtigen, lautstarken „Großen Hafenbahnhof" ausgedacht.

Schon auf der Reede von Long Island wird die Bark von einer Eskorte der US Coastguard erwartet, die den Segler durch ein Spalier von Schleppern, Feuerlöschbooten und kleineren Marineeinheiten zu ihrem Liegeplatz geleitet. Riesige Wasserfontänen der Feuerlöschboote, der Lärm der Sirenen und Schiffsglocken sind die Zeichen des herzlichen Willkommens.

Während ihres siebentägigen Freundschaftbesuches steht die „Gorch Fock" unter der Patenschaft des US Flugzeugträgers „Essex", der im Januar in Hamburg zu Besuch war. Für Offiziere, Kadetten und Stamm-Mannschaft wurde ein reichhaltiges Landprogramm ausgearbeitet. Kommandant Kapitän z. See Wolfgang Erhardt wird u. a. dem New Yorker Oberbürgermeister Robert Wagner und dem Abschnittskommandanten der USA-Flotte, Admiral Wales, Freundschaftsbesuche abstatten. Fast die gesamte Mannschaft ist zum Besuch einer Broadway-Show eingeladen, in kleineren Gruppen will man das Gebäude der UNO, die Militärakademie Westpoint und die Hauptstadt Washington besuchen. Zu einem lustigen Nachmittag hat die Gorch-Fock-Besatzung 50 amerikanische Waisenkinder an Bord eingeladen.

Am 14. Mai soll der Segler wieder New York verlassen. Er wird am 15. Juni im Heimathafen Kiel erwartet.

„Gorch Fock" 48 Stunden zu früh vor New York eingetroffen

New York. (lno) Das Segelschulschiff „Gorch Fock" ist am Wochenende 48 Stunden früher als geplant vor New York eingetroffen. Die Bark warf auf Reede in der Gravesend Bay, etwa 200 bis 300 Meter vom Festland entfernt, zwischen dem berühmten Vergnügungspark von Coney Island und der Südspitze von Brooklyn Anker. Tausende von New Yorkern sind kurz nach der Ankunft des Seglers zum Autobahnring Belt Parkway gefahren, um das deutsche Schulschiff zu sehen.

Bis zum heutigen Montag bleibt der Tiefwassersegler „isoliert". Gegenwärtig gibt es noch keine direkte Verbindung zwischen dem Festland und dem deutschen Segelschulschiff.

Die Patenschaft über die deutschen Seeleute hat für die Dauer des Besuchs der Flugzeugträger „Essex" übernommen. Zwei Offiziere des Trägers, der Anfang des Jahres in Hamburg war, kamen kurz nach dem Ankern an Bord der „Gorch Fock". Sie schlafen auf dem Segelschulschiff, um so die freundschaftliche Verbundenheit zu dokumentieren, die zwischen den Kriegsmarinen beider Staaten besteht.

Kieler Nachrichten (1962-05-05)

The Lady of the Harbor welcomes the crew to New York. Visitors will be permitted aboard Saturday and Sunday from 2 to 5 P. M.

Daily News, New York (1962-05-08)

Mit vollen Segeln lief gestern, an einem strahlend blauen Frühlingsmorgen, die „Gorch Fock" in den Hafen von New York ein.

KN-Funkbild (dpa)

146

Segelschulschiff „Gorch Fock" in New York

Wasserfontänen, Hubschraubergeleit und Sirenengeheul zur Begrüßung der Dreimastbark

New York. (lno) Mit Wasserfontänen, Hubschraubergeleit und Sirenengeheul grüßte New York gestern bei strahlendem Sonnenschein das deutsche Segelschulschiff „Gorch Fock". Es ist das erste deutsche Marinefahrzeug seit 1936, das im New Yorker Hafen festmacht.

Als das seit den späten Abendstunden des Freitag in Gravesend Bay vor New York auf Reede liegende Segelschiff gestern morgen um 7.00 Uhr (MEZ) bei leichter Brise auf das Kommando „Legt aus" ihre weißen Segel entfaltete, befanden sich bereits 20 Presse-, Rundfunk- und Fernsehreporter an Bord. Von Schleppern und Hubschraubern aus hielten Kameraleute und Pressephotographen das auch für New York seltene Einlaufen eines Segelschiffes im Bilde fest. Die unter vollen Segeln in den Hudson einlaufende „Gorch Fock" — im Hintergrund mit der Silhouette Manhattans — erschien in Großaufnahme noch am selben Tage in fast sämtlichen New Yorker Tageszeitungen. Zehntausende beobachteten die Einfahrt von den Piers und aus den Bürofenstern der Stadt und Hafen überragenden Wolkenkratzer.

Während die ein- und auslaufenden Schiffe die Flaggen dippten und die Besatzung der an Steuerbord in weißem Zeug angetretene Besatzung der „Gorch Fock" zuwinkten, schossen von zwei Feuerlöschbooten 25 m hohe Wasserfontänen auf.

Auf der Pier war ein Spruchband angeschlagen mit der Aufschrift: „USS ‚Essex' welcomes ‚Gorch Fock' ". Zum Empfang hatten sich unter der Führung des Captain C. S. Bogard die Offiziere des amerikanischen Flugzeugträgers „Essex" versammelt, der die Aufgabe des Gastgebers im Namen der US Navy übernommen hat. Die „Essex" war im Januar außerordentlich herzlich in Hamburg empfangen worden.

Sirenen und Dampfpfeifen der 15 Begleitschlepper heulten. „Ein solcher Empfang ist sonst nur Schiffen bei ihrer Jungfernfahrt oder bei der Eröffnung neuer Liniendienste vorbehalten. Die „Gorch Fock" erwiderte die Grüße und nahm mit Schlepperhilfe Kurs auf Pier 48 am Fuße der 46. Straße in Manhattan, nachdem sie die Segel eingeholt hatte.

Die Dreimastbark, die unter dem Kommando von Kapitän zur See Wolfgang Erhardt steht, stattet der Stadt New York einen siebentägigen Freundschaftsbesuch ab. Die 45 Offiziersanwärter, 135 Unteroffiziersschüler und 65 Mann Stammpersonal an Bord der „Gorch Fock" werden in dieser Zeit Einrichtungen der amerikanischen Kriegs- und Handelsmarine besichtigen. Außerdem sind Besuche bei den Vereinten Nationen, bei der New Yorker Börse und bei amerikanischen Familien vorgesehen.

Der amtierende deutsche Generalkonsul Ulrich von Rhamm und der deutsche Marine-Attaché in Washington, Kapitän z. S. Gysae, waren ebenfalls zum Empfang erschienen. Einige Angehörige von Offizieren und Matrosen der „Gorch Fock", die in New York leben, waren ebenfalls an der Pier und hielten eifrig Ausschau nach ihren Verwandten an Bord.

Das schwierige Einfahrtmanöver zwischen den Piers wurde von den Schleppern mit großer Präzision ausgeführt. Die „Gorch Fock" war trotz der heftigen Brise mit gesetzten Segeln von der Freiheitsstatue bis unmittelbar vor die Pier gefahren.

Unter den ersten Besuchern an Bord der „Gorch Fock" war auch der Hamburger Marineschriftsteller Heinrich Klemme, der erst kürzlich ein Buch über die „Gorch Fock" veröffentlichte und einen Film über deutsche Segelschiffe drehte. Das „Gorch-Fock"-Buch soll dem New Yorker Oberbürgermeister Robert Wagner von Kapitän z. S. Erhardt überreicht werden.

Kieler Nachrichten (1962-05-08)

Ansturm auf die „Gorch Fock"

New York. (dpa) Mehr als 7000 New Yorker besuchten am Sonnabend das deutsche Segelschulschiff „Gorch Fock", das am Montag seinen siebentägigen Freundschaftsbesuch in New York beenden und nach Kiel zurücksegeln wird.

Bereits in den Vormittagsstunden waren Hunderte zum Pier gekommen, obwohl die Besichtigung erst nachmittags beginnen sollte. Trotzdem ermöglichte das Schiffskommando den vorzeitigen Besuchern, die Dreimastbark und ihre Einrichtungen zu sehen. Um 14 Uhr war der Zustrom der Besucher bereits so groß, daß die New Yorker Polizei 2000 Interessenten abweisen mußte, da sie keine Aussicht hatten, während der dreistündigen Besichtigung noch an Bord zu kommen. Der Kapitän verlängerte daraufhin die Besuchszeit um eine volle Stunde, damit nicht allzu viele abgewiesen werden mußten. Am späten Nachmittag herrschte noch einmal fröhliches Treiben an Bord. Die Offiziere und Mannschaften hatten 60 New Yorker Waisenkinder eingeladen und bewirtet

Der Kommandant des Segelschulschiffs „Gorch Fock" hatte „alle Gardinen an die Leinen hängen" lassen, als sein Schiff an der Freiheitsstatue vorbei in den Hafen von New York einlief.

Foto: dpa

Kieler Nachrichten
(1962-05-10), S. 12

Kieler Nachrichten
(1962-05-14)

148

„Gorch Fock": Kurs auf Kiel

Springer-Auslandsdienst
New York, 12. Mai

Deutschlands stolzes Segelschulschiff „Gorch Fock", seit vier Tagen Sensation im New Yorker Hafen, wirft die Leinen los. Am Montagmorgen um 10 Uhr nimmt es Kurs auf Kiel. Damit geht sein tumultuarischer Besuch in der Neuen Welt zu Ende.

Zum Dank für die überaus herzliche Aufnahme der Kadetten in amerikanischen Familien hatte die „Gorch Fock" am Sonnabend 50 Waisenkinder eingeladen. Kaum zu sagen, wer sich mehr gefreut hat: die Matrosen über das Kinderlachen der fröhlichen kleinen Gäste oder die ausgelassenen Jungen und Mädchen über das blitzblanke Segelschiff.

Auch Botschafter Grewe hatte die „Gorch Fock" besucht; er wurde mit traditionellem Zeremoniell empfangen und sprach vor den Offiziersanwärtern über die gegenwärtigen Probleme der deutschen Vertretung in den USA. Auch der deutsche Konsul gab einen Empfang.

Kieler Nachrichten
(1962-05-12)

Mit „Hurra" abgereist

New York. (dpa) Mit drei Hurras der Matrosen und Mützenschwenken in der Mitte des Hudson-Flusses verabschiedete sich die „Gorch Fock" am Montag von New York mit einem grandiosen Manöver nach einem siebentägigen Freundschaftsaufenthalt. Die Bark wurde von einem Schlepper der USA-Flotte von der Pier gezogen, manövrierte aber sofort unter eigener Kraft in die Mitte des Hudson-Flusses. Die Matrosen hatten die Segel halb gesetzt und nahmen in den Wanten die Masten hinauf Paradeaufstellung. Am Ufer hatten sich mehrere Hundert Zuschauer angesammelt, die dem Schiff zuwinkten.

Der Kapitän der Gorch Fock" hatte sich zunächst entschlossen, die Fahrt ohne das Maskottchen, den Bordhund „Whisky" zu beginnen, der kurz vorher in ein New Yorker Tierkrankenhaus zur Untersuchung auf Tollwutverdacht gebracht worden war. Doch wurde Whisky als vollkommen gesund befunden und „entlassen". Er wurde von den Matrosen, sowohl deutschen wie amerikanischen, die ihn begleiteten, auf einen Sonderschlepper gebracht und als Einzelpassagier den Hudson hinuntergefahren, um an Bord der „Gorch Fock" gebracht zu werden. Mit Jubel wurde er von der Besatzung empfangen.

Kieler Nachrichten
(1962-05-14)

Nach 11502 Seemeilen zurück

Heute nachmittag um 17 Uhr macht die „Gorch Fock" an der Blücherbrücke fest

(rak) Nach ihrer neunten Auslandsfahrt läuft die „Gorch Fock" heute in den Kieler Hafen ein. Um 17 Uhr legt sie an der Blücherbrücke an, ihrem endgültigen Liegeplatz. Gestern noch wurde in der Eckernförder Bucht „Klarschiff" gemacht — Generalüberholung nach einer Gesamtreisestrecke von 11 502 Seemeilen. 7612 Seemeilen davon wurden ausschließlich gesegelt.

Abgesehen vom nun fast schon stereotypen Blinddarm (sowohl auf der Hinreise nach New York wie auf der Heimfahrt mußte der Bordarzt operieren) wurde die Rückkehr zu einer Fahrt der Rekorde: Vier aufeinanderfolgende Etmale mit einer Durchschnittsstrecke von 250 Seemeilen wurden gemessen, das größte brachte sogar 290 Seemeilen. Und dabei gilt ein Schnitt von 200 Seemeilen bereits als recht gut.

Die höchste gemessene Geschwindigkeit betrug 16,5 Knoten — auch das ist eine außerordentliche Leistung. Damit ließ die Bark einen 3000-BRT-Dampfer zurück — seine Besatzung — heißt es — glaubt das noch nicht. Diese ungewöhnliche Geschwindigkeit konnte aber nur dank (seltener) günstiger Umstände erreicht werden: Durch die rechte Brise und eine — dank der Belt-Lage — glatte See.

Der Kommandant des Segelschulschiffes, Kapitän z. S. Wolfgang Erhardt, berichtete gestern, daß die „Gorch Fock" an der Untergangsstelle der „Pamir" ein beschwertes Holzkreuz mit einem Mützenband in der See versenkt habe.

Das Hauptereignis der Reise war natürlich der überwältigende Empfang in New York (die „KN" berichteten bereits darüber), der fast zu einer „Zerreißprobe" für die Besatzung wurde. Rund 25 000 Besucher kamen und waren fasziniert. Die Besatzung der „Gorch Fock" wurde fast „feilschend verkauft", um all den Einladungen auch nur annähernd folgen zu können.

Rührend war vor allem die Fürsorge der „Essex"-Besatzung. Ein Leutnant, deutschstämmig, wurde als Mentor an Bord der „Gorch Fock" stationiert und war hingerissen von „beer und sauerkraut". Der New Yorker Oberbürgermeister Robert Wagner überreichte einen goldenen Stadtschlüssel.

„Mit dem habe ich die Herzen der Damen geöffnet", meinte Kapitän Erhardt, falls die Herzen der New Yorker überhaupt noch geöffnet werden mußten.

Gegenüber den überwältigenden und doch strapaziösen sieben Tagen in New York verblassen natürlich die kleinen Ereignisse am Rande, wie sie jede Fahrt mit sich bringt. So übernahm die „Gorch Fock" im Passat einen Oberdeckpassagier: eine spanische Brieftaube. Ihr „Formtief" wurde durch die stillen Reserven an Vogelfutter wieder behoben. Der Amerikaner, dem sie zugeflogen ist, wird sich nicht schlecht über den guten Zustand der kleinen Taube nach einer so großen Reise über den Ozean gewundert haben . . .

Auch Singvögel nebst einem Turmfalken fanden sich ein. Der Falke war nicht auf das Vogelfutter angewiesen. Er begnügte sich mit den Singvögeln, was sehr bedauert wurde, dem Vogel aber kaum zum Vorwurf gemacht werden kann. Aufsehen an Bord erregte noch ein Riesenfisch, den man zunächst nicht identifizieren konnte. Er hatte ein Haimaul, die Gestalt eines Wals und schwamm wie ein Delphin. Später stellte sich heraus, daß es ein Killerwal gewesen war — die einzige Abart der Walfamilie, die nicht vom Plankton lebt.

Kieler Nachrichten
(1962-06-15), S. 16

Kieler Nachrichten
(1962-06-15), S. 16

Kritisch beobachtete Kapitän
Erhardt, Kommandant des Segelschulschiffes „Gorch Fock" (oben)
die „Klarschiff"-Arbeiten seiner
Männer. Nach der langen See-
reise wird die Bark generalüber-
holt (links), damit sie sich während der „Kieler Woche" in
neuem Glanze präsentieren kann.
Selbst Bordhund „Whisky" hop-
pelte — die Hundedame lahmt
seit einem Unfall auf dem rechten
Hinterbein — aufgeregt hin und
her. Nicht ausgesprochen braun-
gebrannt kam die Besatzung von
dem New-York-Besuch zurück —
zwar ließ der Wind vor allem auf
der Rückreise nichts zu wünschen
übrig, doch hätten sich die „Sailors" mehr Sonne gewünscht.
Auch das soll — hoffen sie wenig-
stens — die Festwoche der Lan-
deshauptstadt nachholen.

Seeroutine

03.40 Morgenwache wecken und Hängematten verstauen.
Klarmachen zur Wache

04.00 Wachwechsel
06.25 Locken
06.30 Freiwache wecken
06.35 Hangemattsmusterung, Waschen
07.00 Backschafter Proviant empfangen
07.05 Backen und Banken, anschließend Kartoffelschälen
07.50 Seeposten der neuen Wache sich klarmachen

08.00 Wachwechsel
08.05 Pfeifen und Lunten aus, Aufklarer auf Stationen
08.10 Antreten auf Reinschiffstationen, Krankmeldungen
08.50 Morgenwache Pfeifen und Lunten aus und im Wohndeck
antreten
09.10 Reinschiffstationen aufklaren
09.20 Ausscheiden mit Reinschiff. Klarmachen zum Dienst
09.30 Divisionsweise Antreten zur Musterung –
Ausbildungsdienst
11.20 Dienst- und Arbeitsstellen aufklaren
11.30 Ausscheiden mit Dienst
11.35 Backschafter Essen empfangen
11.40 Backen und Banken

12.30 Wachwechsel
13.40 Pfeifen und Lunten aus, Aufklarer auf Stationen
13.45 Alle Decke fegen
13.55 Ausscheiden mit Deckefegen, klarmachen zum Dienst
14.00 Divisionsweise heraustreten zum Dienst
15.40 *Pause*

16.00 *Wachwechsel*, divisionsweise zum Dienst

17.10 Dienst- und Arbeitsstellen aufklaren

17.15 Ausscheiden mit Dienst, klar Deck überall

17.20 Backschafter Proviant empfangen

17.25 Backen und Banken

18.20 *Wachwechsel*

19.15 Pfeifen und Lunten aus, Aufklarer auf Stationen

19.20 Beide Wachen alle Decke fegen

19.40 Dienst- und Arbeitsstellen aufklaren.

19.50 Ronde – Besatzung und neue Seewache auf dem Mitteldeck antreten

20.00 *Wachwechsel*

20.15 Freiwache klar bei Hängematten
(Piquettwache Ruhe auf Hängematten, sofern befohlen)

21.00 Ruhe im Schiff! Licht aus!

24.00 *W achwechsel (Hundewache)*

03.40 Morgenwache wecken und Hängematten verstauen.
Klarmachen zur Wache

Bordhund „Hauptgefreiter Whisky"

Die Crew X/61 auf der
„Gorch Fock", Februar – Juni 1962

9. Korporalschaft (Maat Ruhlofs)
Baron, Gunter; Bruns, Gerd-Dieter; Bussert, Knud; Ertl, Helmut; Frank, Peter; Hartmann, Volker; Hauck, Helmut; Jurkat, Heinz-Günter; Kowalewski, Manfred; Niess, Karl; Söllner; Völz, Lothar; Wagenknecht, Wolfgang; Wolfrum, Ernst; Worringer, Hans-Wilhelm (15)

11. Korporalschaft (Maat von Plocky)
Altmann, Dietmar; Fiedler, Hans-Jürgen; Hahnkamm, Detlef; Krause, Albrecht; Kruse, Martin; Kuhnke, Jan; Mühe, Wilfried; Steinmetz, Götz; Wagner, Richard; Waßmuth, Klaus; Wedelstaedt, Friedrich-Wilhelm von; Wensky, Harald; Weychardt, Otto-Heinrich; Wink, Klaus (14)

13. Korporalschaft (Maat Bartlog)
Balke, Heinrich; Berend, Rainer; Bernhard, Wolfgang; Kasch, Wolf-Dieter; Plümpe, Ernst-Georg; Pohl, Eberhard; Pühl, Klaus-Henning; Rademacher, Uwe; Roeber, Peter; Schreiber, Gerd; Tharandt, Wilfried; Tosch, Albrecht; Wagner, Reinhard; Wieking, Heinrich (14)

15. Korporalschaft (Maat Pfeiffer)
Dräger, Harald; Dreyer, Helmut; Gola, Norbert; Heise, Hans-Jürgen; Imme, Hans-Jochen; Köhler, Robert; Kries, Hans-Jürgen; Meyer, Rolf; Opitz, Joachim; Patent, Karlheinz; Pfropfe, Ulrich; Schneider, Ernst-Adolf; Stolle, Otto-Peter (13)

Die Wappen der Crew X/61

Kommandanten aus den Offizieren
der
Reise nach New York

Texte nach der Website der Bordkameradschaft SSS „Gorch Fock"
unter www.gorchfock.de (2023-09-12)

KzS Erhardt, Wolfgang
Kdt „Gorch Fock": Dez 1958 – Jun 1962
AAR 1 bis AAR 9

Geboren 1907 in Rostock. Nach dem Abitur trat er in die Reichsmarine ein. Während der Ausbildung zum Seeoffizier machte Wolfgang Erhardt drei Monate Dienst als Matrose auf dem Segelschulschiff „Niobe". Seine Segelschiff-Laufbahn setzte er fort auf der „Horst Wessel", „Gorch Fock" (I) und „Adalbert Leo Schlageter" als Toppoffizier, Wachoffizier und Erster Offizier. Während des Krieges Verwendung als Torpedoboots-kommandant und Stützpunktkommandant. 1956 Eintritt in die neu gegründete Bundesmarine als Kommandeur der Marineunteroffizierschule in Brake. Als Kapitän zur See stellte er die bei Bloom & Voss in Hamburg gebaute neue „Gorch Fock" in Dienst und war ihr Kommandant auf den ersten neun Auslandsausbildungsreisen (AAR). Er bleibt als „Vadder" Ehrhardt in Erinnerung, was viel über seine Beliebtheit bei der Besatzung aussagt. Danach Kommandeur des „Kommandos der Schulschiffe".
1965 schied er aus dem aktiven Dienst aus.
Kapitän zur See Ehrhardt verstarb 1984.

FKpt Engel, Hans
KzS aD
Kdt „Gorch Fock": Jul 1962 – Sep 1965
AAR 10 bis AAR 19

Geboren am 17.01.1910 in Kiel, nach dem Abitur Eintritt in die Reichsmarine. 1932 Leutnant zu See und Verwendung als Ausbildungs- und Lehroffizier bei der Marineartillerie. Ab 1937 Wachoffizier auf dem Panzerschiff „Admiral Scheer", später folgte die Ausbildung zum U-Boot-Kommandanten. Als solcher geriet er bis 1946 in englische Gefangenschaft. Im Mai 1956 trat er in die neu gegründete Bundesmarine ein, zunächst im Kommando der Marineausbildung. 1961 - 1962   1. Offizier der „Gorch Fock", 1962 - 1965 zweiter Kommandant der „Gorch Fock".
Anschließend wurde er bis 1968 Leiter der Verbindungsstelle Marine-Handelsmarine in Hamburg.

Vom Herbst 1967 bis 1981 war er der deutsche Delegierte in der Sail Training Association. Unter anderem war er Mitbegründer des Vereins „Clipper - Deutsches Jugendwerk zur See" und Vizepatron der internationalen Sail Training Association. Diese Organisation führt weltweit Jugendliche zusammen, anlässlich von Segelregatten auf Traditionssegelschiffen.

Er wurde ausgezeichnet mit dem Bundesverdienstkreuz 1. Klasse. Kapitän zur See Hans Herbert Engel verstarb am 8.6.2001 im 92. Lebensjahr in Marburg.

KKpt von Witzendorff, Ernst
KzS aD
Kdt „Gorch Fock": Jan 1969 – Sep 1972
AAR 31 bis AAR 40

Geboren am 26. Juni 1916 in Neustrelitz, Eintritt in die Kriegsmarine 1937, Ausbildung auf dem Segelschulschiff „Horst Wessel". Während des Krieges Wachoffizier auf Torpedo- und U-Booten und Kommandant mehrerer U-Boote im Atlantik. 1956 Eintritt in die Bundesmarine, 1958-1960 Navigations- und Kadettenoffizier auf der „Gorch Fock", 1962-1964 Erster Offizier auf der „Gorch Fock", 1969-1972 Kommandant der „Gorch Fock".

Danach Referent im Führungsstab der Marine für die Handelsschifffahrt in Hamburg.

Kapitän zur See Ernst von Witzendorff verstarb am 6. Februar 1999 im Alter von 83 Jahren in Kirchbarkau, Schleswig-Holstein.

KptLt von Stackelberg, Freiherr Hans
*23.08.1924; Crew XII/42
KzS aD
Kdt „Gorch Fock": Okt 1972 – Mar 1978
AAR 41 bis AAR 53

Geboren 1924 in Reval (Estland), nach Abschluss der Oberschule 1942 Dienst in der Kriegsmarine als U-Boot-Wachoffizier und beim Kommando der Kleinkampfverbände der Kriegsmarine (KdK).

Nach dreijähriger Kriegsgefangenschaft und anschließender kaufmännischer Ausbildung segelte er als Kapitän auf deutschen und ausländischen Hochseeyachten, die ihren Heimathafen im Mittelmeer hatten.

1956 Eintritt in die Bundesmarine als Oberleutnant zur See. Kommandant des Segelschulbootes „Nordwind", 1958 - 1960 Besuch mehrerer Ausbildungslehrgänge in den USA, sowie Bordkommandos auf Amphibienfahrzeugen und Zerstörern. Er durchläuft in dreizehnjähriger Fahrenszeit sämtliche Offiziersdienstposten auf der „Gorch Fock". Von Oktober 1972 - März 1978 war er Kommandant der „Gorch Fock". Danach Referatsleiter im Führungsstab Marine für die Handelsmarine in Hamburg.

Von 1984 bis 1990 war er Präsident der „Sail Training Association Germany". Kapitän zur See Hans Freiherr von Stackelberg ist Träger des Bundesverdienstkreuzes und anderer bedeutender Auszeichnungen. Er verstarb am 29.11.2022 in München.

<u>Maritime Schriften</u> (Auswahl)
Rahsegler im Rennen. Flensburg : Duburger Bücherzentrale, 1965
Segel los, Enter auf! Ein Tag auf der Gorch Fock. Flensburg : Duburger Bücherzentrale, 1968.
Hippologische Kuriositäten und errittene Geschichten eines Seeoffiziers. Northeim : Musterschmidt, 1976.
Im Kielwasser der Gorch Fock   Ein Kommandant erinnert sich. 4. Aufl. Bremen : Oceanum, 2014

Ein Nachwort

Seit der Kiellegung der „Gorch Fock" 1958 gibt es eine Diskussion über den Wert der Offizierausbildung auf einem Großsegler. Es ist hier nicht der Ort, um diese Diskussion nachzuvollziehen oder wieder anzufeuern. Doch soll die zur Bordzeit der Crew X/61 und in den ersten Jahren der „Gorch Fock" vorherrschende Meinung an der des Kommandanten Hans von Stackelberg aufgezeigt werden, der sich 1965 in seiner Schrift: „Rahsegler im Rennen" folgendermaßen zur Segelschiffsausbildung in der Marine geäußert hat:

Am 23. August 1958 war die »Gorch Fock« als Bau Nr. 804 in Hamburg bei Blohm & Voss vom Stapel gelaufen und im darauffolgenden Jahr in Dienst gestellt. Erhebliche Meinungsverschiedenheiten hatten damals die Geburt des Segelschulschiffes begleitet, und immer wieder wurde in der Öffentlichkeit der Standpunkt vertreten, in einer technisch hochentwickelten, modernen Marine könne ein Segelschulschiff nur noch als „alter Zopf" bezeichnet werden. Aber selbst im Zeitalter modernster Technik fahren nach wie vor Männer zur See und nicht Schiffe allein. Ausdauer, Willenskraft und Verantwortungsbewusstsein des einzelnen entscheiden auch heute das Geschehen auf See. Daher ist bei den meisten seefahrenden Nationen die Ausbildung auf dem Segelschiff die Grundlage der Nachwuchsschulung, denn hier, im unmittelbaren Einsatz an Bord und in der Takelage, lernt der junge Seemann das Meer zu achten und gewinnt die innere Kraft für die souveräne Behauptung auf See.

Der Mann, der sich auf Kosten der Kraft seiner Kameraden drückt, schadet sich nur letztendes selber, weil es seine Kameraden eben ohne seinen Einsatz nicht schaffen. Das ist eine ebenso unschätzbare wie eindrucksvolle Erfahrung. Die Männer werden körperlich und geistig beweglich, denn an ihrer verantwortungs-

vollen Aufmerksamkeit hängt ihr Leben und das Leben ihrer Kameraden. Sie werden auch geduldig und bescheiden, denn dazu zwingt sie die Gewalt der Natur; derselben Natur, mit der sie in ihrem Beruf bei den meisten ihrer Entschlüsse draußen auf See ein Leben lang werden rechnen müssen. Die Gemeinschaftsarbeit aber, zu der die Umstände sie zwingen, prägt zugleich ihren Charakter und die Gemeinschaftsarbeit auf den Rahen wird zum Teamwork der Masten und somit des ganzen Schiffes. Der Mann an Deck weiß genau, daß eine Unachtsamkeit den Tod seines Kameraden in der Takelage bedeuten kann. Gibt es noch eine höhere Schule zum Erlernen von Verantwortungsbewußtsein und Gewissenhaftigkeit?

Der zukünftige seemännische Vorgesetzte soll in seine vor ihm liegende Aufgabe hineinwachsen. Nicht die Auslandsreise ist die Hauptsache, sondern die durch sie erworbene, später notwendige Kenntnis eines Seegebietes, das irgendwann Operationsgebiet werden kann. Nicht das Vergnügen an romantischen Repräsentationsreisen, sondern die möglichst schnelle Eingewöhnung in ein unbequemes, beengtes Leben an Bord soll das Segelschulschiff lehren. Es ist der Zwang zur Selbstüberwindung, der jedem Mann auf dem Segelschulschiff unerbittlich begegnet, bedingungslos verlangend und fordernd. Die Reise wird nicht um ihrer selbst willen unternommen. Sie soll Ausbildungsaufgaben erfüllen, die im Hafen nicht gelöst werden können. So wird der Hafen nicht zum Reiseziel, sondern ist Schauplatz der Versorgung, die den nächsten langen Seetörn vorbereitet.

Eine klare Erkenntnis leitet heute die Segelschulschiffsausbildung. Sie ist nur Mittel zum Zweck und darf nie Selbstzweck werden. Als Ausbildungsgrundlage muss sie der Flotte dienen. Gerade die überwiegenden kleinen Fahrzeuge unserer Marine verlangen nicht nur von relativ jungen Offizieren frühzeitig eine große Verantwor-

tung, sondern sind auch immer besonders stark von Wind und Wetter abhängig.

23 Segel trägt das Schiff, und sein Körper ist aus Stahl. Doch die Männer, die auf ihm fahren, sind sein Geist und seine Seele. Wenn sie dann nach langer Reise fragen, ob sie auch alles getan haben in den Monaten und Jahren, die hinter ihnen liegen, um das Dasein dieses Schiffes zu rechtfertigen, dann gibt ihnen die Antwort eine [hier nicht näher bezeichnete] Stimme aus der Öffentlichkeit:

„Als für die Marine dieses Schiff gebaut wurde, dachte man vor allem an ein Schulschiff für die Kadetten. Inzwischen hat sich längst herausgestellt, daß der diplomatische Wert des Schiffes noch größer ist als der schon beachtliche seemännische. Die Majestät und die Schönheit eines Schiffes unter Vollzeug sind unwiderstehlich. Der Goodwill, den das Schiff bei seinen Auslandsreisen verdient hat, wiegt längst seine Baukosten auf!"

Aber es gab auch gegenteilige Auffasungen. Hingewiesen sei auf eine längere Diskussion um den Wert der Bordausbildung auf „Gorch Fock", die 1973 in der Zeitschrift „Truppenpraxis" geführt wurde. Ausgelöst durch einen Aufsatz von dem damaligen KKpt Dipl.-Phys. Fritz Lederer, Crew X/58 unter dem Titel: „Über die Brauchbarkeit von Schul-Segelschiffen" in der Truppenpraxis, März 1973, S. 227-231 gab es ein Echo in der Rubrik „Gespräch in der Marine" mit auch gegenteiligen Meinungen von KKpt Udo Gneiting und dem ehemaligen Segeloffizier „Gorch Fock", OLtzS Michael Theiß, im Heft 6/1973, S. 484-485 sowie von den ehemaligen Kommandanten KptzS Ernst von Witzendorff und KptzS Hans Engel im Heft 7/1973, S. 563-564. Darauf nahm Lederer noch einmal Stellung in der Truppenpraxis 1973, S. 644. Die unterschiedlichen Auffassungen fanden damals keinen gemeinsamen Nenner – und die Diskussion der Befürworter oder Ablehner der

Notwendigkeit einer Bordausbildung auf Großseglern hält mehr oder weniger bis heute an.

Ein eher ungewohntes Bild : Die „Gorch Fock" von achtern.

Schiffsdaten der „Gorch Fock"

Werftangaben Blohm & Voß für 1958, in: Jocham-Schiffe.de

Flagge	Dienstflagge der Seestreitkräfte der Bundeswehr, Deutschland
Schiffstyp	Bark
Klasse	Segelschulschiff Gorch-Fock-Klasse
Rufzeichen	DRAX
Heimathafen	Kiel
Bauwerft	Blohm & Voß, Hamburg
Baunummer	804
Baukosten	8,5 Mio. DM
Kiellegung	24. Februar 1958
Stapellauf	23. August 1958
Indienststellung	17. Dezember 1958

Schiffsmaße und Besatzung

Länge über Bugspriet	89,32 m
Länge zwischen Heck und Galion	81,78 m
Länge zwischen Loten	70,2 m
Länge in Kielwasserlinie	70,4 m (KWL)
Breite auf Spanten	12,0 m
Seitenhöhe	7,30 m
Tiefgang in KWL	4,80 m
Verdrängung	1.715 t
Vermessung	1.499 BRT

Besatzung

10 Offiziere, 1 Arzt; 1 Meteorologe, 37 Unteroffiziere, 21 Mannschaften, 4 Zivilpersonen, 200 Lehrgangsteilnehmer

Schiffstechnische Anlagen

Antriebsanlage
   1 x 6-Zyl. MAN Zweitakt-Diesel, 750 PS (551 kW)
Geschwindigkeit   12 kn (max.)
Propeller   1 x Verstellpropeller Ø = 2,45 m
Stromversorgung
   4 MWM Diesel-Gleichstromgeneratoren, je 60 kW

Takelung und Rigg

Takelung	Bark
Anzahl Masten	3
Anzahl Segel	23
Segelfläche	2.037 qm
Fahrt unter Segeln	11 kn, max 16 kn

Sonstiges

Klassifizierungen	Marine Klasse 441 A; GL + 100 A 4 (E)
Registrierungsnummern	PT-Nummer: A 60 (nicht sichtbar) IMO 5133644
Eigner	Bundesrepublik Deutschland

Die Segel der „Gorch Fock"

Vorstagsegel

1 Vorstengestagsegel
2 Innenklüver
3 Außenklüver
4 Jager

Vortopp

5 Fock
6 Voruntermarssegel
7 Vorobermarssegel
8 Vorbramsegel
9 Vorroyalsegel

10 Großstengestagsegel
11 Großbramstagsegel
12 Großroyalstagsegel

Großtopp

13 Großsegel
14 Großuntermarssegel
15 Großobermarssegel
16 Großbramsegel
17 Großroyalsegel

18 Besanstagsegel
19 Besanstengestagsegel
20 Besanbramstagsegel

Besan

21 Unterer Besan
22 Oberer Besan
23 Besantoppsegel

Quellen und Medien

Die verwendeten Logbücher der Crew X/61:

Segelschulschiff „Gorch Fock" – Logbuch Dietmar **Altmann**, Februar – Juni 1962

Segelschulschiff „Gorch Fock" – Logbuch Obermaat (OA) Harald **Dräger**.

Segelschulschiff „Gorch Fock" – Logbuch Matrose Rolf **Meyer**, 15. Korporalschaft.

Segelschulschiff „Gorch Fock" – Logbuch Obermaat (OA) Eberhard **Pohl**, 1. und 2. Band

Wagenknecht, Wolfgang: Als Kadett mit der „Gorch Fock" nach New York 1962 – Logbuch.

Segelschulschiff „Gorch Fock" – Logbuch des Seekadetten Klaus **Waßmuth**: Dienstliches Logbuch/Tagebuch 15. März 1962 bis 16. Juni 1962

Waßmuth, Klaus: Mein Aufenthalt in New York 1962. Aufsatz Flensburg : MSM, 1963

Weychardt, Otto-Heinrich: Die erste Fahrt der GORCH FOCK nach New York 1962. In: www.marine.de/portal/a/marine (2008-09-25 Redaktion Marine: Timo Petersen; 2008-12-01/08/15 Redaktion: Marine Philipp Heinke).

Crew X/61 (BOA): **„Frische Brise"** – Seemännische Grundausbildung an Bord „SSS Gorch Fock". Umdruck. Flensburg : MSM, Juni 1963

Literatur:

Brommy, Rudolf; Littrow, Heinrich von: Die Marine. 3. Aufl. Wien, Pest, Leipzig : Hartleben, 1878

Gerdes, Ernst (Hg.): Zwischen Nordkap und Äquator – die Auslandsausbildungsreisen der Marine. Preetz : Gerdes, 1966

Kommando Flotte: Richtlinien für den Dienst an Bord (DaB). Heft 4: Der innere Dienst an Bord. Januar 1960

Klemme, Heinrich (Hg.): Segelschulschiff GORCH FOCK – ein Bildband. Oldenburg; Hamburg : Stalling, 1961

Laturner, Hans-Jürgen: Mit der „Gorch Fock" auf großer Fahrt. München : Lehmann, 1961

Lederer, Friedrich: Über die Brauchbarkeit von Schul-Segelschiffen. In: Truppenpraxis, März 1973, S. 227-231

Schmidt, Fred: Von den Bräuchen der Seeleute – Gedanken und Erinnerungen. Hamburg : Brigantine, 1962

Stackelberg, Hans von: Rahsegler im Rennen. Flensburg : Duburger Bücherstube, 1965

Zentrales Marinekommando (Hg.): Streiflichter – Informationen für Auslandsschiffe (1962-04-17) 4. Kiel : TMS I, 1962

Schallplatten:

Wir suchten den Wind … Seemannslieder und Shanties gesungen von dem Chor des SSS „Gorch Fock", Ltg. KKpt Hans v. Stackelberg. Baltic Records, Ziemann Kiel, TST 74601

„Gorch Fock" – Segelschulschiff auf großer Fahrt. Chor des SSS „Gorch Fock", Crew X/65, Ltg. OLtzS Ulrich Hühne, **mit unserem Crewkameraden LtzS Wolfgang Wagenknecht als Vorsänger.** Baltic Records, Ziemann Kiel, TST 75365

Videofilm: Im Kielwasser der GORCH FOCK – Shanties – Segeln – Seemannsgarn, u.a. präsentiert von KptzS Hans v. Stackelberg. DVD, Videosail Manfred Schulz TV & FilmProduktion Asendorf, 2010, ISBN 978-3-89465-298-2

Abbildungen

Wenn nicht anders angegeben, sind die Abbildungen den Logbüchern entnommen.

Die „Gorch Fock"
auf einem 10 DM-Schein

Glossar

Unter Verwendung von Brommy: Die Marine; Schmidt: Von den Bräuchen der Seeleute; Kommando Flotte: Richtlinien für den Dienst an Bord (DaB)

ABC-Maske : luftdicht abschließende Schutzmaske mit Filter gegen atomare, biologische oder chemische Kampfstoffe (früher Gasmaske genannt).

anschlagen von Gegenständen : Herrichten von Lasten, Gütern zum Hieven, Transport mit Seilen, Ketten u.ä.

aufbacken : die „Back", den Tisch decken.

aufbriesen : die Stärke des Windes nimmt zu, der Wind frischt auf.

aufschießen : zusammenlegen eines Taus; alles nicht benutzte Tauwerk in runde und übereinanderlaufende Kreise, Buchten legen, damit es sich nicht verwickelt und weniger Platz einnimmt; „sich aufschießen" auch Synonym für „der Arbeit aus dem Weg gehen", sich verdrücken.

ausscheiden : Tätigkeit, Dienst u.ä. beenden.

Backen und Banken : maritim für „Tische und Bänke"; Anweisung zum Einnehmen der Mahlzeiten in den Gemeinschafts- oder Wohnräumen.

Backschaft : Eine Aufgabe und Tätigkeit zur Vorbereitung und das Austeilen des Essens, der Mahlzeiten für eine Tischgemeinschaft. Sie umfasst u.a. das Kartoffelschälen, das Essen aus der Kombüse zu holen und zum Tisch (zur Back) zu bringen sowie das Abräumen. Die Aufgabe wird von Backschaftern im Wechsel ausgeführt.

Balje : großer Zuber, Bottich, aus dem mit Pützen (Eimern) Wasser geschöpft werden kann; auch Hälfte einer Tonne mit nur einem

Boden. In der Navigation bezeichnen Baljen enge Durchfahrten, u.a. zwischen Inseln.

Bauernnacht : Nacht ohne Wachdienst, in der durchgeschlafen werden kann.

BdW : Bootsmaat der Wache. Maat in der Funktion eines Wachhabenden, mit besonderen Rechten.

Besan : Segel am hintersten Mast. Das längsschiff auszuholende Schratsegel ist zum Manövrieren des Schiffes (Wenden, Halsen) sehr wichtig.

Besanmast : der achterste Mast einer Bark.

Besanschot an : Anholen des Taus an der untersten Ecke des Besans, das vom Mast absteht (Besanschot). Traditionelles Kommando „Besanschot an – Alle Mann achteraus!" zum Versammeln der Besatzung achteraus und Empfang einer oder mehrerer Runden von Rum. Pfeifensignal: „Alle Mann Schnaps empfangen!"

Block / Blockwerk : Gehäuse für Seilscheiben, Rollen oder Kloben, über die Taue laufen / sämtliche Blöcke eines Schiffes zusammengenommen.

Blücherbrücke : Anleger am Westufer der Kieler Innenförde. Zunächst Stammplatz der „Gorch Fock"; nach ihrer Verlegung wurde der Liegeplatz Blücherbrücke zu einer Marina ausgebaut.

Bojenmanöver „Boje über Bord" : Manöver zum Auffischen einer „Boje", eines Rettungsringes, der zur Übung über Bord geworfen wird, um die Rettung einer über Bord gegangenen Person zu üben.

Bootsmannsmaatenpfeife : traditionell mit einer Kugel geformte Pfeife, mit der die Signale für verschiedene Arbeiten wie „Überall zurrt Hängematten", „Alle Mann achteraus", „Backen und Banken", „Pfeifen und Lunten aus", „Ronde", „Klar bei Hängematten" etc. ausgepfiffen werden. Mit dem Pfeifsignal „Seite" wird bestimmten Personen beim An- und Vonbordgehen Ehre erwiesen.

Bram : Bezeichnung der zweiten, obersten Verlängerung der Masten mit Takelung.

Bramsegel : drittes Rahsegel von unten.

Brassen : Taue an beiden Enden der Rahen (Rahnocken), mit denen diese seitlich horizontal gedreht werden können; Kommando „an die Brassen".

Bucks : gängige Bezeichnung für US-amerikanische Dollarnoten.

Bugspriet : kurzer Mast, der am Bug schräg nach vorn aus dem Schiff ragt.

Cardinal Spellman : Francis Joseph Spellman (1889 – 1967), katholischer Erzbischof von New York, mit deutlich konservativer Einstellung.

Dampfer : marineeigentümliche Bezeichnung für alle maschinengetriebenen Seefahrzeuge, mit oder ohne „Dampfmaschine". Hier in ungewöhnlicher Weise für ein Segelschiff verwendet.

Deckältester : Für jeden Wohnraum an Bord wird ein Deckältester ernannt oder gewählt, der in kameradschaftlicher Form für Ordnung, Reinlichkeit und Durchführung der Tagesroutine in seinem Bereich sorgt.

Division : I. und II. Division; Gliederung der Besatzung in zwei Hälften.

DO : Divisionsoffizier, Vorgesetzter einer der beiden Divisionen an Bord und gleichzeitig Wachoffizier in der Schiffsführung.

entern : auf- / niederentern, hinauf- und herabsteigen in die Takelung; ein feindliches Schiff mit Enterhaken oder Enterdreggen an sich ziehen, um überzusteigen und das Schiff in Besitz zu nehmen.

Etmal : Zeitraum von 24 Stunden, von einem Mittag zum anderen.

Fallen : Taue, die dem Aufziehen oder Herunterlassen von Segeln, Flaggen etc. dienen.

Filz : Schlaf; einfilzen – einschlafen. Rüge bei zu langsamer Arbeitsverrichtung: „Filzt bloß nicht ein!"

Finkennetz : Früher Netze, die rings um die Bordwände und über Oberdeck gespannt wurden, um ein Entern zu verhindern, untergebracht in den Finkennetzkästen längs der Reling.

Flagge dippen : Gruß von einem Schiff zu einem anderen. Dazu wird die Flagge halb nieder- und wieder aufgeholt, sobald das andere Schiff geantwortet hat.

Flagge Luzie : Flaggensignal „L" der Kaiserlichen Marine, mit dem der Anzug befohlen wurde. In der Bundesmarine Ausdruck für das Üben des mehrmaligen Wechseln des Anzuges in möglichst kurzer Zeit.

Flieger setzen : andere Bezeichnung für das Setzen des obersten Vorstagsegels „Jager".

Flunder : scherzhafte Bezeichnung für den Belegplan des stehenden und laufenden Gutes, der einem Flunder-Fisch ähnelt. Das Zeichnen einer „Flunder" wurde bei mangelnder Kenntnis des Tauwerkes angeordnet.

Fußpferde : Taue / Drahtseile, die unter den Rahen und parallel dazu befestigt sind. Sie dienen als Standpunkte für die Füße beim Ausbringen (Setzen) und Einholen (Bergen) der Segel sowie sonstigen Arbeiten an der Rah.

Galionsfigur : Figur, die dem Bugspriet als Verzierung der Basis dient. Dazu werden oft Skulpturen von Personen verwendet, die dem Schiff den Namen geben. Für die „Gorch Fock" wurde nicht der Bundesadler sondern ein stilisierter Albatros gewählt, Zwar kommt der auf der Südhalbkugel beheimatete Seevogel Albatros nur selten als Irrling im Atlantik vor, doch sein anmutiger Flug über weite Strecken und seine Eigenschaft als Sturmvogel haben wohl zur Wahl als Symbol für die „Gorch Fock" geführt.

Gast : Bezeichnung für Mannschaften, die bestimmte Funktionen an bestimmten Orten ausüben, wie Toppsgast, Signalgast oder auch Sanitäts-Gast.

Gebetbuch : scherzhafte Bezeichnung für einen Klinker- oder Sandstein, mit dem mit Hilfe von Sand das Holzdeck abgeschrubbt, gereinigt wird.

Geistertopp : scherzhafte Bezeichnung des Großtopps durch KL von Stackelberg, nachdem die Großtopp-Crew mehrmals den Wettbewerb im Segelsetzen gewonnen hatte.

Glasen : Schlagen der Schiffsglocke. Das Glasen gibt die Anzahl der seit Beginn der vierstündigen Wache abgelaufenen halben Stunden an.

Groß, die : Kurzbezeichnung für das Großsegel, das unterste Segel am Großmast.

Halsen : Segelmanöver, um das Schiff vor dem Winde zu wenden. Als „Halsen" werden auch Taue bezeichnet, mit denen die unteren Ecken von Segeln nach vorn zu geholt werden.

HGefr. : Hauptgefreiter, Mannschaftsdienstgrad.

heißen, hissen: heißen oder hissen einer Flagge, heißen eines Segels; mit einem Tau oder einer Leine in die Höhe ziehen.

hieven : Gegenstände (schwere Last) mit einem einfachen Tau oder mit Hilfe eines Flaschenzuges in die Höhe ziehen.

Hindenburgufer : befestigtes Ufer, Strandweg an der Westseite der inneren Kieler Förde, benannt nach dem Reichspräsidenten Paul v. Hindenburg (1847 – 1934). 2014 umbenannt in „Kiellinie".

Hundewache : Die vom Schlafbedürfnis her gesehen unbeliebteste Wachzeit von null bis vier Uhr, die man keinem „Hund" zumuten möchte.

Hütte : Decksaufbau auf dem Hinterschiff, mit Navigations- und Funkraum und einer kleinen Kammer für den Kommandanten. Das Hüttendeck ist der Kommandostand der Schiffsführung (WO, Kdt).

I.O. : „Eins O", Erster Offizier, Vertreter des Kommandanten, zuständig für die Organisation des Borddienstes und die Disziplin der Besatzung.

Jockel : Hilfsmotor für den Antrieb, der ununterbrochen langsam, „dumm" vor sich hin „juckelt", tuckert oder holpernd „joggelt".

Jolle : kleines (kleinstes) Boot ohne Kiel zum Rudern oder Segeln.

Kabelgarn : einzelne Hanfgarne, aus denen die Taue geschlagen werden.

Kaleu : gebräuchliche Kurzform für den Dienstgrad „Kapitänleutnant"; auch „Herr Kaleu".

Kanthölzer : Leisten oder Balken aus Holz, die durch Sägen auf rechteckigen (quadratischen) Querschnitt mit Kanten zugeschnitten sind (Schnittholz).

Klüsen : Öffnungen in der Schiffswand, durch die Taue oder Ketten (Ankerketten) geführt werden. Auch für die Augen einer Person verwendet: „Halt bloß Deine Klüsen offen!"

Klüver / Klüverbaum : dreieckiges Vorsegel / Verlängerung des Bugspriets zum Befestigen der Vorsegel.

Koje : Schlafplatz an Bord mit fester Unterlage. „In die Koje gehen", allgemeiner Ausdruck für's Schlafengehen, auch wenn es sich nicht um einen festen Schlafplatz, eine Koje sondern um eine Hängematte handelt.

Korporal / Korporalschaft : Vorgesetzter einer Unterabteilung der Besatzung, die häufig dieselben Aufgaben hat. Hier aus 13 bis 15 Mann bestehend.

Krängung : seitliche Neigung des Schiffes, auf der „Gorch Fock" bis zu 25 Grad.

Kuttenlecker : leicht gekrümmter, abgewinkelter Pinsel zum Malen an schwerer zugänglichen Stellen, wie Winkeln und Ecken.

KzS : Dienstgrad Kapitän zur See

Läufer Deck : Gast mit der Aufgabe, Meldungen und Anordnungen der Schiffsführung zu übermitteln. Er hat auch die Aufgabe, pünktlich zu glasen.

Leichenfänger : grobmaschiges Sicherheitsnetz, das oberhalb der Reling entlang der Seite eines Schiffes gespannt wird. Es soll verhindern, dass jemand bei schwerem Seegang oder starker Krängung über Bord fällt.

Log(g) / loggen : Instrument, mit dem die Geschwindigkeit des Schiffes im Wasser gemessen wird / messen der Geschwindigkeit.

Lords (Seelords) : scherzhafte Sammelbezeichnung für die Besatzungsmitglieder im Mannschaftsdienstgrad.

Lot(en) : Senkblei an einer Leine, um die Wassertiefe zu messen.

Löwen : löwenähnliche Figur, aus Tauwerk geknüpft. Beliebtes Andenken, Geschenk.

M-Boote : Kurzform für Minensuch-Boote.

Manila : Tau aus Manila-Hanf, besonders dicke Taue.

Mars : halbkreisförmige Plattform, die auf die Salinge der Masten gelegt wird, um die Stengenwanten zu spreizen.

Matrose : Niedrigster Dienstgrad in der Marine.

Mittelwache / Mittelwächter : Wachzeit von 0.00 bis 4.00 Uhr morgens (auch „Hundewache") / Imbiss, meist als heiße Suppe, vor Wachantritt um Mitternacht.

Moselhaus : Kleiderkammer für Bordbesatzungen in Kiel.

MSM : Marineschule Mürwik, Flensburg.

Mt. / OMt. : Maat, Obermaat; Dienstgrade der Unteroffiziere ohne Portepee in der Marine.

Nagelbank : dicker, einer Bank ähnlicher Balken mit starken Messingzapfen oder Holzpflöcken (Nägeln), an denen die Taue der Takelage festgezurrt werden können.

Oberbootsmann : Dienstgrad eines Portepee-Unteroffiziers in der Marine. Auch Bezeichnung für die besondere Funktion der „Seemännischen Nummer Eins", des Smartings.

Obersteuermann : Erster Steuermann, Portepeeunteroffizier, der für die sichere Navigation verantwortlich ist.

O-Pantry : Offizier-Pantry, Anrichte für die Ofiiziermesse, mit einem Pantry-Gasten besetzt.

P 3 : Waschmittel (<u>Si</u>likat) der Marke „Persil", das durch sein Bleichmittel (<u>Per</u>borat) besonders zum Weißwaschen geeignet war.

Paella : spanisches Pfannengericht aus Reis.

Papa Obermüller : OLzS Müller war von Oktober bis Dezember 1961 Zugoffizier während der Grundausbildung der Crew im Marineausbildungsbataillon in Glückstadt.

Passat (Segelschiff) : Viermast-Bark, eine der P-Liner der Reederei Laeisz, Hamburg. 1911 bei Blohm & Voß gebaut, 1957 nach dem Untergang des Schwesterschiffes „Pamir" außer Dienst gestellt. Heute Museumsschiff in Travemünde.

Passat (Passatwind): der in den tropischen Gegenden des Atlantik und Pazifiks beständig wehende Ostwind.

Pennant Whooling : scherzhafte Signalflagge für Gewühle, großes Durcheinander, nicht nur von Tauwerk.

Piquet-Wache : Bereitschaftswache; Wachhälfte, die angezogen auf der gezurrten Hängematte schläft, um rasch einsatzbereit zu sein.

pönen : anstreichen, anmalen.

Pütz : Eimer für Flüssigkeiten, Wasserpütz, Ölpütz etc.

Rah(e) : horizontal vor den Masten und Stengen aufgehängte Rundhölzer, zum Ausbreiten und Tragen der Quersegel.

Reck : Ausdehnung eines Seiles, einer Leine, eines Taus zwischen Ruhe und Belastung.

Reffen (Reefen) : Segel bei zunehmendem Wind verkleinern.

Reling : Geländer an Oberdeck rund um den Bord des Schiffes.

Rettungsboje : Rettungsmittel auf See für Einzelpersonen, ähnlich einem Rettungsring. Schwimmkörper mit Griffen, Leine und Gurt, der sich besonders unter schwierigen Bedingungen wie starkem Seegang oder über längere Strecken zur Rettung aus Seenot eignet.

Rettungsinsel : Rettungsmittel für mehrere Personen, in einem Behälter verpackt. Ersetzt Rettungsboote und wird im Wasser durch Druckluft zu einem überdachten Floß (Insel) aufgeblasen. Ausgerüstet mit Notrationen (Wasser), Signalmitteln etc.

Revier (Sanitätsrevier) : Bezeichnung für die ärztliche Behandlungs- und Krankenstation an Bord.

Rollen : Einteilung der Besatzung zu verschiedenen Stationen und Aufgaben, damit jeder weiß, was er zu tun hat, sobald ein Manöver wie Segelsetzen, Feuerlöschen, Reinschiff etc. befohlen wird.

Rollenkarte : Kärtchen für jeden Einzelnen der Besatzung, auf dem alle seine Rollen-, Manöverstationen verzeichnet sind.

Royal (in älteren Schriften auch: Reuel) : oberstes Segel, wie Großroyal im Großtopp etc.

Saling : Mars-, Bramsaling. Plattformen oberhalb der Bramrah und Marsrah zur Befestigung der Wanten, die so den Mast besser halten. Unterhalb der Bramsaling endet der untere Wantenabschnitt und von dort bis unterhalb der Marssaling führt der zweite Wantenabschnitt. Die dreieckigen Plattformen stellen beim Auf- und Abentern gefährliche Stellen dar.

San(n)i, SanGast : Abkürzung für Sanitäter, Sanitätsgast.

Schlafpersenning / Schlafsegel : Plane (Persenning) oder Segel, das zum Schlafen an Oberdeck aufgespannt wird. Kann der Wache bei ruhiger See und stetigem Kurs als Schlafgelegenheit dienen.

Schleife fahren : Zum Kompensieren der Magnetkompasse fährt das Schiff über am Seeboden verlegte Kabel-Schleifen, mit denen ein Magnetfeld erzeugt wird, um Abweichungen (Missweisungen) vom magnetischen Erdfeld durch Fremdfelder, wie durch den Schiffsrumpf, Eisenballast, elektrische Stromkreise etc., zu kompensieren.

Schoten : Taue, mit denen die unteren Ecken der Segel angeholt und straff gezogen werden.

Schotten: Unterteilung des Schiffskörpers durch wasserdichte Quer- und Längswände, zur Verbesserung der Sinksicherheit bei Wassereinbruch.

Schotten dicht! : Kommando zum höchsten Verschlussgrad des Schiffes, um bei Sink-Gefahr die Schwimmfähigkeit des Schiffskörpers durch Schließen der wasserdichten Schotten vor dem Untergehen zu erhalten.

Schratsegel : Bezeichnung für alle dreiseitigen und trapezförmigen Segel, wie Klüver, Stagsegel, Besansegel.

Schweinsrücken : Verstärkung, Auflage (Rücken) an Oberdeck, wo der horizontal aufgesetzte Anker zu liegen kommt.

Segel abschlagen : Segel (von den Rahen) losmachen und abnehmen.

Segel aufgeien : die Ecken eines Segels mittels der Geitaue an die Rah ziehen.

Seeklar : Bereitschaftszustand, um in See zu gehen. Die einzelnen Abschnitte, wie Navigation, Maschine, Funkabschnitt, Seemännischer Abschnitt etc. melden „seeklar", bevor das Schiff ablegt.

Seestraßenordnung : Internationales Seeverkehrsrecht mit umfangreichen Regeln zur Vermeidung von Zusammenstößen auf See.

Segeloffizier : Für das Setzen und Bergen der Segel verantwortlicher Offizier.

Seile, „in den Seilen hängen": kraftlos, erschöpft oder schwunglos sein. Bei unruhiger See werden Seile über Oberdeck gespannt, an die man sich anleinen kann, um nicht über Bord gespült zu werden, falls einen die Kräfte verlassen.

Seitepfeifen : Signalton mit der Bootsmannsmaatenpfeife als Ehrenerweisung für alle Offiziere und entsprechende Personen beim An- und Vonbordgehen.

SK : Schwerer Kreuzer.

Smadding (auch Smarting) : Seemännische Nummer Eins; Portepeeunteroffizier, der für den gesamten Semännischen Abschnitt an Bord verantwortlich ist. Auch „Oberbootsmann" genannt.

Smut : Schiffskoch.

Spleißen : seemännische Arbeit, durch die man die Enden eines gerissenen Taus oder zweier Taue miteinander verbinden kann. Auch zur Herstellung einer Öse im Tau.

Spring : schräg vom Bug nach hinten oder umgekehrt vom Heck nach vorn verlaufende Festmacherleinen.

Stagsegel : Segel an einem Stag, einem starken Tau zur Befestigung von Masten und Stengen, das in der Richtung nach vorn führt.

Stampfen : Bewegung des Schiffes der Länge nach, die durch den Seegang hervorgerufen wird.

stauen : verstauen, auch „essen".

Steam : „Dampf", Synonym für starken Wind.

Stelling : an Seilen herabhängendes Brett (Brettergerüst) für Arbeiten an der Bordwand. Ein kurzes Brett für nur eine Person wird auch Bootsmannsstuhl genannt. Auch Laufsteg von Bord auf die Pier, an Land (Gangway).

Stengen : alle beweglichen Verlängerungen der Untermasten.

184

Stockanker : weist oben am Ankerschaft einen festen Querbalken oder Eisenstock auf, durch den sich der Anker am Grund so dreht, dass sich immer eine Flunke in den Grund eingraben kann.

Stopper : Vorrichtung zum Bekneifen von Tauen und Ketten.

Sturmband : Riemen, Band an der Mütze, damit sie bei Sturm nicht davonfliegt.

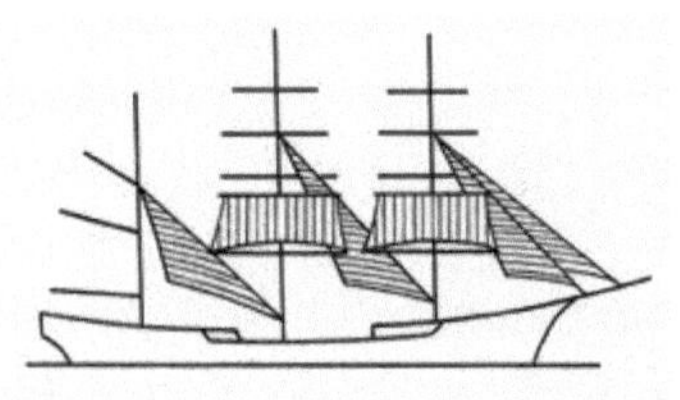

Sturmstagsegel : Stagsegel (54,6 qm), das bei Sturm das große Großstengestagsegel (98,9 qm) ersetzt. Beispiel für eine Segelführung im Sturm: Beide Untermarssegel, Klüver, Vorstenge-, Sturm-, und Besan-Stagsegel.

Takelage : alles Tauwerk samt Blöcken etc., das zum Halten der Masten und Stengen sowie der Bedienung von Rahen und Segeln dient. Auch erweitert auf Rundhölzer und Segel selbst übertragen.

Takling : Umwicklung des Endes einer Leine mit Takelgarn, um ein Aufdrehen der Fasern, Litzen und Kardeele zu verhindern.

Talgmopsessen : Wettkampfart. Aus einer mit Seewasser gefüllten Waschbalje müssen mit dem Mund möglichst viele in der Balje schwimmende Kerzen (Talgmöpse) gefischt und an Deck gebracht werden. Dabei sind die Hände auf den Rücken gebunden.

Tamp / Tampen : Synonym für ein Tau.

Tampenjagd : Befehl, zu den in der Rollenkarte festgelegten Tauwerk-Stationen zu eilen. Wird wettbewerbsmäßig durchgeführt.

Tauwerk : alle Taue, die der Takelung des Schiffes dienen. Stehendes Tauwerk ist an beiden Enden festgemacht und bleibt an seiner Stelle. Laufendes Tauwerk ist nicht an beiden Enden festgemacht und kann durch Blöcke hin und her oder auf und nieder gefahren werden.

Tirpitzmole : Mole im Marinehafen Kiel, benannt nach dem Großadmiral der Kaiserlichen Marine Alfred von Tirpitz (1849 – 1930). 2021 umbenannt in „Gorch-Fock-Mole"

TMS : Technische Marineschule; TMS I in Kiel, TMS II in Bremerhaven, für die Technologische Grundausbildung und die Ausbildung von Schiffstechnikern.

Topp : das oberste Ende der Masten und Stengen.

Toppsicherheit : Anforderung an die Toppgasten, sich sicher, d.h. schwindelfrei in den obersten Enden der Masten und Stengen bewegen zu können.

Trinkwasserbüchsen : Büchsen mit Trinkwasser als Notvorrat in Rettungsbooten oder -inseln..

Typhongruß : akustisches Signal, das von einem Typhon, einem Signalgerät pneumatisch oder elektrisch erzeugt wird.

Vollzeug, unter Vollzeug : mit allen Segeln gesetzt fahren.

Vor- und Achterleinen : Festmacherleinen auf dem Vor- oder Achterschiff.

Vorstenge (Vormarsstenge) : erste Verlängerung des Fockmastes.

Wachoffizier (WO) : der die Wache habende Offizier, der das Schiff fährt; außerdem Bezeichnung für die nautischen Offiziere in bestimmten Funktionen des Bordbetriebes, wie I. Wachoffizier, II. Wachoffizier (Eins-WO, Zwei-WO) usw.

Wachtmeister : Führer des Unteroffizier-Korps, leitet den Innendienst. Entspricht dem Kompaniefeldwebel (Spieß) beim Heer. Rechte Hand des I.O.

Waschbesen : Besen mit weichen Haaren, der zum Abwaschen von Wänden, der Bordwände dient („Farbe waschen").

Wassergraben : das Oberdeck umlaufende Rinne an der Bordkante mit Abflüssen zu See hin, um das an Oberdeck überkommende Seewasser kanalisiert abfließen zu lassen.

Wegweiser eines Wants : Vorrichtung zum Klarhalten des laufenden Tauwerkes an einem Want.

Wenden : Manöver, um beim Kreuzen gegen den Wind das am Winde segelnde Schiff gegen die Richtung des Windes so zu bewegen, dass der Wind die Segel von der anderen Seite füllt. Auch „über Stag gehen" oder „über den anderen Bug gehen".

Windwärts-Inseln (windward islands) : Inseln „über dem Winde" der Kleinen Antillen in der Karibik.

Winkern : Übermittlung von Signalen mit zwei Hand-Flaggen.

Zeugdienst : Zeit für das Instandsetzen und -halten der persönlichen Ausrüstung (des Zeugs) eines Soldaten.

Deutsche Post, 100er Briefmarke. Wiederaufnahme des Postschiffverkehrs mit Segelschiffen ?